Conversational Spanish Dialogues

Over 100 Spanish Conversations with their audio dialogues

(+Audio Files Download)

Written By My Daily Spanish

Audio narrated by Fabiola Hemmet and Jose Solo

Contents

Introduction

Do you dread having conversations in Spanish? You're hardly alone. Even those who have been learning Spanish for a long time still feel a wave of panic each time they have to speak to someone in Spanish–*especially* if that person is a native speaker.

Imagine trying to understand exactly what the person is saying, then having to respond to it by connecting your words into the right reply, stringing those words in the proper sequence, and then verbalizing them out loud with the correct pronunciation. Ahhh, what a hair-raising ordeal it can be.

But conversations can never be avoided, and sooner or later you will have to conquer those fears and eventually start talking to somebody in Spanish. When that happens, you don't need to go through the stomach-churning scenario described above. You simply need to practice, practice, and then practice some more.

Easier said than done, right? Practicing your conversation skills in Spanish can be tough if you don't have access to Spanish-speaking conversation partners or if you are not in a Spanish-speaking country. And even when you're in a Spanish-speaking country, you still need prior practice before going out and interacting with the locals.

No need to worry though. With the right learning materials that cater for what a learner truly needs, *you will* be able to master Spanish conversations, too!

100+ Practical Spanish Dialogues for Extensive Listening Practice

In order to boost your fluency in speaking Spanish, you need listening practice. *Lots of listening practice.* You need to train your ears to listen to actual authentic Spanish as it's spoken nowadays. You need to be very well-versed with Spanish pronunciation and intonation. You can achieve that by listening to Spanish dialogues.

« Spanish Conversations » contains more than 100 practical Spanish dialogues between two speakers—a male and female native Spanish speaker. You can follow the dialogues in the book while listening to the audio, then you can challenge yourself later by simply listening to the audio without reading the dialogue.

The conversations are about realistic daily interactions and day-to-day events that you could use to model your conversations. You can find themes such as asking for a favor, having drinks in a bar, introducing someone, buying a train ticket, going to the airport, talking about art, transacting at the bank, going on a first date, a job interview, and so many more additional useful scenarios.

More than just listening practice, through constant listening and repeating the Spanish conversations, you will also be able to pick up the correct pronunciation and enhance your speaking skills to a level that will make you confident enough to practice with a conversation partner.

Expand your Vocabulary

One of the ways you could improve your conversational skills in Spanish is by expanding your vocabulary. Here in this book, you'll find thousands of Spanish words and phrases that you can readily use in your day-to-day conversations. Since the dialogues are sorted by theme, you will be able to learn the vocabulary by topic, plus, with the audio accompaniment, you can compare how the words appear versus how they sound.

The dialogues are also written in parallel text format with their English translation, so on your first reading of the conversation, you will be able to understand it immediately. Once you are feeling more confident about your listening skills, you can challenge yourself by listening to the conversations without the book in front of you.

Survive–and thrive!–in a Spanish-Speaking Community

If you are currently living in (or planning to move to) a Spanish-speaking country, this book can also be of great help to you. Spanning a wide range of day-to-day topics and scenarios, you can practice the conversations at home before you go out to interact with the locals.

Become a Good Conversationalist in Spanish

To become a fluent Spanish conversationalist, not only should you arm yourself with a wide vocabulary and correct grammar, but you also need to be able to hold interesting discussions about a variety of topics. This book will expose you to different flows of dialogue that you can use as a model in your real-life conversations–with topics ranging from art, movie recommendations, fashion, cooking, TV programs, football, and even what to say on your first date.

With practice and persistence, you too can be an amazing conversationalist in Spanish. This book and its audio accompaniment will ensure you reach that goal.

Best of luck to you.

Frederic Bibard

Bathroom - Things you will find in a bathroom
Cosas que encontrarás en un baño

Important! The link to download the AUDIO is available at the end of this book page 257

***Petra: Hola Martin. ¿Cómo estuvo tu fin de semana? ***

Petra: Hello Martin. How was your weekend?

***Martin: No tan mal, gracias.** ¿Cómo estuvo el tuyo? *

Martin: Not too bad, thanks. How was yours?

***Petra: Estuvo bien. Llevé a los niños a visitar a sus abuelos.** ¿Qué hiciste tú? *

Petra: It was good. I took the boys to visit their grandparents. What did you do?

***Martin: El sábado fui a una barbacoa en casa de un vecino. Ayer pasé todo el día instalando un baño nuevo. Fue un trabajo duro, pero lo hice. ***

Martin: On Saturday, I went to a barbecue at a neighbor's house. Yesterday, I spent the whole day putting a new bathroom in. It was hard work, but I got it done.

***Petra: ¡No sabía que te gustaba el bricolaje! ***

Petra: I didn't know you liked DIY?

***Martin: No puedo decir que lo disfrute, pero odio pagar a la gente para que haga trabajos que yo mismo podría hacer. ***

Martin: I cannot say I enjoy it, but I hate paying people to do jobs that I could do myself.

***Petra: Entonces, ¿qué hiciste exactamente? ***

Petra: So what exactly did you do?

***Martin: Bueno, no lo hice yo solo. Mi cuñado me ayudó. Primero sacamos el fregadero, la ducha y el armario en el que guardamos la**

pasta de dientes, los cepillos de dientes y otras cosas. Luego quitamos las baldosas del suelo. *

Martin: Well, I didn't do it on my own. My brother-in-law helped. First, we took out the old sink, shower, and the cabinet in which we keep the toothpaste, toothbrushes, and other things. Then we took up the floor tiles.

***Petra: Eso suena a trabajo duro. ***

Petra: That sounds like hard work.

***Martin: Esa parte sólo tomó un par de horas. Luego tomó otra hora colocar más baldosas en el suelo. La parte difícil fue poner la ducha nueva, pero me alegro de que mi esposa no quisiera una bañera nueva o un inodoro nuevo también. ***

Martin: That part only took a couple of hours. It then took another hour to lay more floor tiles. The hard part was putting in the new shower, but I am pleased my wife didn't want a new bath or new toilet as well.

***Petra: ¿Está todo terminado? ***

Petra: Is everything finished?

***Martin: Lo único que queda es poner unos estantes en la ducha para el jabón y el champú. Sólo me llevará unos minutos hacerlo esta noche. ***

Martin: The only thing left is to put up some shelves in the shower for the soap and shampoo. It will only take a few minutes for me to do that tonight.

***Petra: Me encantaría que mi esposo pudiera hacer ese tipo de cosas. ***

Petra: I wish my husband could do things like that.

***Martin: Estoy seguro de que podría si alguien le mostrara qué hacer. No es tan difícil. ***

Martin: I am sure he could if someone showed him what to do. It is not that difficult.

***Petra: Si compráramos un mueble de baño nuevo, ¿podrías ayudar a mi esposo? ***

Petra: If we bought a new bathroom unit, would you help my husband?

***Martin: Si tengo tiempo. ***

Martin: If I had time.

***Petra: De acuerdo. Lo recordaré. ***

Petra: OK. I will remember that.

***Martin: No hay problema. ***

Martin: No problem.

Bedroom - Things you will find in a bedroom
Cosas que encontrarás en un dormitorio

***Mamá: Barry, ¡ven aquí ahora mismo! ***

Mum: Barry, get here now!

***Barry: Está bien. ¿Qué sucede? ***

Barry: OK. What is it?

***Mamá: Mira tu dormitorio. Es un desastre. ¿Cuándo fue la última vez que lo limpiaste y por qué no has hecho tu cama? ***

Mum: Look at your bedroom. It is a disaster. When was the last time you cleaned it and why have you not made your bed?

***Barry: Normalmente hago la cama, pero esta mañana estaba ocupado. ***

Barry: I usually do make the bed, but I was busy this morning.

***Mamá: Además, tienes un armario y unos cajones para la ropa. ¿Es tan difícil para ti guardar la ropa en vez de dejarla en la silla? ***

Mum: Also, you have a wardrobe and some drawers for your clothes. Is it so difficult for you to put your clothes away instead of leaving them on the chair?

***Barry: Iba a hacerlo más tarde.**

Barry: I was going to do it later.

***Mamá: No puedo creer que pases tiempo aquí. ¿Cómo puedes estudiar en tu escritorio si está cubierto de libros y revistas? Tampoco estoy segura de cuándo fue la última vez que vaciaste tu cubo de basura. ***

Mum: I cannot believe you spend time in here. How can you study at your desk when it is covered in books and magazines? I am also not sure when you last emptied your trash can.

***Barry: Lo hice ayer. ***

Barry: I did it yesterday.

***Mamá: ¡De verdad! No huele como si lo hubieras hecho. Lo que hay en él apesta. ***

Mum: Really! It does not smell like it. The stuff in it stinks.

***Barry: Está bien. Lo haré ahora mismo. ***

Barry: OK. I will do it now.

***Mamá: Además, ¿por qué siguen cerradas las cortinas? La gente normal abre las cortinas por la mañana. ***

Mum: In addition, why are your curtains still drawn? Normal people open their curtains in the morning.

***Barry: Simplemente lo olvidé está mañana. Te prometo que lo haré mañana. ***

Barry: I just forgot this morning. I promise I will do it tomorrow.

***Mamá: Me aseguraré de que así sea. ***

Mum: I will check to make sure you have.

***Barry: De hecho, ya que estamos hablando de mi escritorio, ¿puedes pedirle a papá que ponga unos estantes en la pared? No tengo suficiente espacio para todos mis libros. También necesito una cama nueva. Soy demasiado grande para una cama individual. Necesito una doble. ***

Barry: Actually, while we are on the subject of my desk, can you ask dad to put some shelves up on my wall? I don't have enough space for all my books. I also need a new bed. I am too big for a single bed. I need a double one.

***Mamá: Hablaré con tu padre sobre los estantes. ***

Mum: I will talk to your dad about the shelves.

***Barry: ¿Y la cama? ***

Barry: And the bed?

***Mamá: Si mantienes tu habitación ordenada durante los próximos seis meses, también lo discutiré con tu padre. ***

Mum: If you keep your room tidy for the next six months, I will discuss that with your dad as well.

***Barry: Está bien. Trato hecho. ***

Barry: OK. You have a deal.

Colours - Examples of colours
Ejemplos de los colores

***Julie: Mamá, ¿has visto mi top blanco? Aquel que compré en España el año pasado. ***

Julie: Mum, have you seen my white top? The one I got from Spain last year.

***Mamá: Sigue en la pila de lavar. Iba a poner toda la ropa sucia en la lavadora antes de irnos. ***

Mum: It is still in the wash. I was going to put all the dirty clothes in the machine before we left.

***Julie: Pero quería ponérmela para la boda. Queda bien con mis jeans negros. ***

Julie: But I wanted to wear it for the wedding. It goes well with my black jeans.

***Mamá: No puedes ponerte unos jeans para una boda. No sería respetuoso. Creo que deberías ponerte ese vestido rojo que llevaste a la boda de tu hermana el año pasado. Me pareció que estabas muy guapa en él. ***

Mum: You cannot wear jeans for a wedding. It would not look respectful. I think you should wear that red dress that you wore at your sister's wedding last year. I thought you looked nice in that.

***Julie: No puedo llevar el mismo vestido en dos bodas. Si no puedo usar jeans, llevaré una falda y un top. Creo que me pondré mi falda negra y mi top morado. ***

Julie: I can't wear the same dress for two weddings. If I can't wear jeans, I will wear a skirt and a top. I think I will wear my black skirt and my purple top.

***Mamá: No estoy segura de que el negro y el morado combinen.** ¿Tienes **algomás claro? ***

Mum: I am not sure black and purple go together. Do you have something lighter?

***Julie: Podría usar la blusa amarilla que Peter me dio en mi cumpleaños. ***

Julie: I could wear the yellow blouse that Peter got me for my birthday.

***Mamá: Pienso que te quedaría bien. ***

Mum: I think that would look nice.

***Julie: Pero, ¿está limpia? ***

Julie: Is it clean though?

***Mamá: Sí, pero hay que plancharla. ***

Mum: Yes, but it needs ironing.

***Julie: ¿Puedes hacerlo por mí? Necesito ducharme antes de irnos. ***

Julie: Can you do it for me? I need to take a shower before we leave.

***Mamá: Está bien. Tengo que planchar la camisa de tu padre, así que puedo planchar el top al mismo tiempo. ¿Sabías que tiene pensado llevar una camisa naranja con una corbata dorada? ***

Mum: OK. I have to iron your father's shirt, so I can do your top at the same time. Did you know he plans to wear an orange shirt with a gold tie?

***Julie: Al menos no es esa camisa negra que llevó la semana pasada. No me gustó para nada. ***

Julie: At least it is not that green shirt he wore last week. I didn't like that at all.

***Mamá: A mí tampoco. ***

Mum: Nor me.

***Julie: ¿Qué te vas a poner? ***

Julie: What are you wearing?

***Mamá: Ayer me compré un vestido lila. Estaba de oferta. ***

Mum: I bought a lilac dress yesterday. It was on sale.

***Julie: Estoy segura de que todos estaremos guapísimos. ***

Julie: I am sure we will all look good.

Daily Routines - The simple things you do every day
Rutinas diarias

***Simon: Hola, Lisa. ¡Cuánto tiempo sin verte!. ¿Cómo estás? ***

Simon: Hello, Lisa. Long time no see. How are you?

***Lisa: Hola Simon. Estoy bien, pero un poco aburrida de todo. ***

Lisa: Hello Simon. I'm fine, but a little bored with everything.

***Simon: Lamento escuchar eso. ¿Te está desanimando el trabajo? ***

Simon: I am sorry to hear that. Is work getting you down?

***Lisa: En realidad, me gusta lo que hago. Es solo que me levanto a la misma hora todos los días. Desayuno lo mismo. Veo a las mismas personas cuando tomo el autobús para ir al trabajo. Termino a la misma hora. ¿Sabes a lo que me refiero? ***

Lisa: Actually, I like what I do. It is just that I get up at the same time every day. I have the same thing for breakfast. I see the same people when I take the bus to work. I finish at the same time. Do you know what I mean?

***Simon: Sé exactamente a lo que te refieres. ¿Qué haces por las tardes? ***

Simon: I know exactly what you mean. What do you do in the evenings?

***Lisa: Ese es el problema. Tiendo a hacer las mismas cosas. Cocino la cena, lavo los platos, quizás hago alguna tarea doméstica y veo la televisión. ***

Lisa: That's the problem. I tend to do the same things. I cook dinner, wash the dishes, maybe do some housework, and watch TV.

***Simon: ¿Has pensado en meterte en un gimnasio o en un club de algún tipo? ***

Simon: Have you thought of joining a gym or a club of some kind?

***Lisa: Esa es una buena idea. Creo que hay un gimnasio cerca de la oficina. Quizás podría ir un par de veces a la semana. ***

Lisa: That's a good idea. I think there is a gym close to the office. I could maybe go there a couple of times a week.

***Simon: ¿Qué haces normalmente los fines de semana? ***

Simon: What do you usually do at weekends?

***Lisa: Duermo hasta las nueve de la mañana aproximadamente, y luego simplemente me gusta sentarme y leer o ver un DVD. Me gustan los sábados de no hacer nada. ***

Lisa: I sleep in until about nine o'clock, and then I like just sitting and reading or watching a DVD. I like lazy Saturdays.

Simon: Eso suena bien, ¡pero todos los sábados!

Simon: That sounds good, but every Saturday!

***Lisa: A veces salgo y visito a mis padres, pero no los he visto en un par de meses. ***

Lisa: Sometimes I go and visit my parents, but I have not been for a couple of months.

***Simon: Pienso que deberías visitarlos más a menudo. Estoy seguro de que siempre estarán felices de verte.** ¿Qué **haces los domingos? ***

Simon: I think you should go more often. I am sure they are always happy to see you. What do you do on Sundays?

***Lisa: La colada. ***

Lisa: My washing.

***Simon: ¿Algo más? ***

Simon: Nothing else?

***Lisa: No. Por eso pienso que mi vida es aburrida. ***

Lisa: No. That is why I think my life is boring.

***Simon: A decir verdad, debo irme ahora mismo, pero ven a cenar mañana a eso de las 6:30 y podemos discutir cómo hacer tu vida más interesante. ***

Simon: Actually, I must go now, but come around for dinner tomorrow about 6:30 and we can discuss ways to make your life more interesting.

***Lisa: Gracias. Lo haré. Te veo entonces. ***

Lisa: Thanks. I will. See you then.

Days, Months & Seasons - Days of the week, months of the year and the seasons.

Días, meses y estaciones

Jane: Hola Ben, la escuela terminará el "lunes" de la semana que viene. Estoy tan feliz.

Jane: Hey Ben, school will be over next "Monday". I'm so happy.

Ben: Sí, lo sé. Esta es la primera vez que las vacaciones empiezan en "junio".

Ben: I know right. This is actually the first time school will be starting vacation in "June".

Jane: Eso es cierto. He oído que nos podemos ir el "viernes" de esta semana para tener suficientes vacaciones de "primavera" antes de volver a empezar durante el "invierno".

Jane: That's true. I heard we are even free to leave this "Friday" so that we have enough "Spring" break before coming back for "Winter".

Ben: ¿Qué importa eso? Tengo clases de "verano" a partir del primer "martes" de "julio".

Ben: What does it even matter? I have "summer" classes starting on the first "Tuesday" in "July".

Jane: Aww... Eso significa que probablemente te perderás el concierto de Ariana Grande en "agosto".

Jane: Aww... So that means you'll probably miss the Ariana Grande concert coming up in "August".

Ben: Es una pena. Todo lo que sé es que nunca me perdería el estreno de El Rey León el2 de "octubre" este "otoño".

Ben: Its such a shame. All I know is that I won't miss the 2nd "October" premiere of The Lion King this "Fall" for anything.

Jane: ¿Qué tiene de especial esa película? Preferiría pasar el "otoño" haciendo otra cosa.

Jane: What's so special about that movie? I'd rather spend the "Autumn" doing something else.

Ben: Por lo menos, la escuela de "verano" estará de vacaciones el 4 de "Julio", el día de la Independencia. ¿Cuáles son tus planes?

Ben: At least "summer" school will be on holiday on 4th "July", Independence Day. What are your plans?

Jane: Planeo ir a ver un partido de tenis con mi papá. Sólo espero que Serena Williams gane después de haber perdido el título en "marzo" del año pasado.

Jane: I plan to go to see a tennis game with my Dad. I just hope Serena Williams wins after losing the title last "March".

Ben: Wow. Disfruta del partido y no te olvides de ponerme al día. Creo que el partido es un "miércoles", ¿verdad?

Ben: Wow. Enjoy the game and don't forget to give me updates. I think the game is on a "Wednesday", right?

Jane: No, en realidad es un "sábado".

Jane: Nope, it's actually on a "Saturday".

Ben: ¡Oh, Dios mío! Estas clases de "verano" van a ser muy aburridas. ¡Reza por mí, Jane!

Ben: Oh my God! These "summer" classes are going to be so boring. Pray for me, Jane!

Jane: (Risas) No te preocupes, estaré en la ciudad hasta finales de "junio". Te haré compañía.

Jane: (chuckles) Don't worry, I'll still be in town till the end of "June". I'll keep you company.

Ben: ¿En serio? Eso significaría mucho para mí. Eres una buena amiga. Recuérdame que te compre un regalo en BestBuy el "jueves".

Ben: Really? That would mean the world to me. You're such a good friend. Remind me to give you a treat at Best Buy on "Thursday".

Dining Room - Things you will find in a dining room
Comedor

James: Hola John, ¡estoy aquí para ver tu nuevo comedor!

James: Hello John, I am here to see your new dining room!

John: Sí, ¡por favor, pasa!

John: Yes, please come in!

James: Me gusta la mesa azul nueva

James: I like the new blue table.

John: Gracias, James, compré la mesa porque combinaba con las sillas que me gustaron.

John: Thank you, James, I bought the table as it matched the chairs I liked.

James: Sí, veo que combinan, ¿Cuántas personas caben en la mesa?

James: I can see they do match. How many people can fit around the table?

John: 6 personas. Sin embargo, podemos hacer la mesa más grande cuando tengamos una cena con invitados, ¡y caben hasta diez personas!

John: 6 people. However, we can make the table bigger when we have a dinner party and fit up to 10 people!

James: ¿Estás planeando tener una cena con invitados pronto?

James: Are you planning to have a dinner party soon?

John: ¡Sí! Pero no tengo todo lo que necesito. El comedor aún no está listo.

John: Yes! But I don't have everything I need. The dining room isn't finished.

James: ¡Espero con ansias esa cena con invitados! ¿Qué quieres comprar para el comedor?

James: I am looking forward to the dinner party! What do you want to buy for the dining room?

John: La mesa es cara, así que quiero comprar unos manteles para mantenerla limpia.

John: The table is expensive, so I want to buy placemats to keep the table clean.

James: ¡Esa es una gran idea! ¿Dónde guardas los platos y los cubiertos?

James: That a great idea! Where do you keep your plates and cutlery?

John: Los guardo en la alacena. No tengo suficientes cubiertos, así que tengo que comprar algunos más.

John: I keep them in the cupboard. I don't have enough cutlery, so I need to buy some more.

***James: Está bien, ¿qué cubiertos te faltan? ***

James: Okay, what cutlery is missing?

John: Necesito 3 cucharas más, dos tenedores y un cuchillo.

John: I need three more spoons, two forks and one knife.

James: Sí, ¡no puedes tener una cena sin ellos!

James: Yes, you can't have a dinner party without those!

John: ¡Sí James!** ¡Tienes razón! ¿Crees que necesit**o comprar nuevos platos?

John: Yes James! You are right! Do you think I need to buy new plates?

***James: No, ¿para qué necesitas nuevos platos?**

James: No, why do you need new plates?

John: Estos platos son rosas. Quiero unos azules para que combinen con la mesa y las sillas.

John: These plates are pink. I want blue ones to match the table and chairs.

James: Sí, sería una buena idea. Tengo que irme a casa ahora, aunque espero con ansias esa cena con invitados. Hasta luego John.

James: Yes, that would be a good idea. I need to go home now, but I am looking forward to the dinner party. Bye, John.

John: Gracias. Te veré pronto en la cena. Hasta luego James.

John: Thank you. I will see you soon at the dinner party. Bye, James.

Family Members - A chart showing the members of the family
Miembros de la familia

Jane: Buenos días mamá, ¿quién de nuestra familia nos viene a visitar hoy?

Jane: Good morning mum, who from our family is visiting us today?

Mamá: Déjame mostrarte a todos en el árbol familiar, entonces podrás ver quién nos viene a visitar.

Mum: Let me show you everyone on the family tree, then you can see who is visiting.

Jane: Está bien, ¡me encantaría ver el árbol familiar!

Jane: Okay, I would love to see the family tree!

Mamá: ¿Puedes ver dónde estás, Jane?

Mum: Can you see where you are Jane?

Jane: Sí, estoy en la esquina inferior izquierda, debajo de papá y de ti.

Jane: Yes, I'm in the bottom left corner under you and dad.

Mamá: ¡Correcto! ¿Sabes quienes son las dos personas encima de mí?

Mum: Correct! Do you know who the two people above me are?

Jane: ¡Son mi abuela y mi abuelo!

Jane: They are my grandmother and grandfather!

Mamá: Eso es correcto, ellos son mis padres.

Mum: That's right, as they are my parents.

Jane: Me encantara ver a mis abuelos, son muy amables. Mamá, ¿tienes algún hermano o hermana?

Jane: I love seeing my grandparents as they're kind. Do you have a brother or a sister, mum?

Mamá: Tengo una hermana, tu tía Lucy. Ella está casada con el tío Peter. No tengo ningún hermano.

Mum: I have one sister, who is your aunty Lucy. She is married to uncle Peter. I don't have any brothers.

Jane: ¿La tía Lucy y el tío Peter tienen hijos?

Jane: Do aunty Lucy and uncle Peter have any children?

***Mamá: Sí, tienen un hijo llamado Harry.** Él es tu primo.*

Mum: Yes, they have one son called Harry. He is your cousin.

Jane: ¿La tía Lucy y el tío Peter tienen hijas?

Jane: Do aunty Lucy and uncle Peter have any daughters?

Mamá: No, no tienen. Harry es tu único primo. ¿Tienes ganas de verlos hoy?

Mum: No, they don't. Harry is your only cousin. Are you looking forward to seeing them today?

Jane: Sí, muchas. Nunca he visto a mi primo Harry. Estoy muy emocionada. ¿Qué haremos con ellos?

Jane: Yes, I am. I haven't met my cousin Harry before. I am very excited. What will we do with them?

Mamá: Tendremos un almuerzo familiar todos juntos, así podremos ponernos al día y disfrutar de nuestro tiempo juntos.

Mum: We will have a family lunch together, so we can catch up and enjoy our time together.

Jane: ¡Estoy deseando verlos a todos! Gracias, mamá, por organizar este almuerzo familiar.

Jane: I am looking forward to seeing everyone! Thank you, mum, for organising the family lunch.

Mamá: De nada, Jane, espero que disfrutes mucho hoy.

Mum: You're welcome, Jane, I hope you enjoy yourself today.

Free Time Activities - What do you do in your free time?

Actividades en el tiempo libre

***Su Lin: Hola Ivan. No te he visto en años. ¿Cómo estás? ***

Su Lin: Hello Ivan. I have not seen you for ages. How are you?

***Ivan: Oh, hola Su Lin. Estoy bien, sólo un poco cansado. ***

Ivan: Oh, hello Su Lin. I am fine, just a bit tired.

***Su Lin: ¿Qué es lo que te hace estar tan cansado? ***

Su Lin: What is making you so tired?

***Ivan: Es mi nuevo trabajo. Tengo que viajar durante noventa minutos a la ida ida y otros noventa a la vuelta para llegar allí, además de trabajar horas extras. Parece que todo lo que hago es trabajar. ***

Ivan: It is my new job. I have to travel for ninety minutes each way to get there as well as work overtime. All I seem to do is work.

***Su Lin: Por eso no te he visto en el gimnasio. ***

Su Lin: That's why I haven't seen you at the gym.

***Ivan: Hace un mes que no voy al gimnasio ni juego al tenis. Solía ir a nadar los viernes, pero tampoco he tenido tiempo de hacerlo. ***

Ivan: I haven't been to the gym or played tennis for a month. I used to go swimming on Fridays, but I haven't had time to do that either.

***Su Lin: ¿Todavía vas a ver a tu hijo jugar al fútbol los domingos? ***

Su Lin: Do you still go and watch your son play soccer on Sundays?

***Ivan: La nueva temporada comienza el próximo mes, así que iré a verlo entonces. Ahora trato de pasar los domingos por la mañana en mi jardín. ***

Ivan: The new season starts next month, so I will go and watch him then. Now I try to spend Sunday mornings in the garden.

***Su Lin: Suena como si nunca tuvieras tiempo para relajarte. ***

Su Lin: It sounds as if you never have time to relax.

***Ivan: Bueno, todavía me gusta cocinar, y ahora también he empezado a cocinar en el horno.**

Ivan: Well, I still like cooking, and I have also now started baking.

***Su Lin: Vaya, mi marido es un inútil en la cocina. ***

Su Lin: Wow, my husband is useless in the kitchen.

***Iván: No soy mal cocinero, pero acabo de empezar a aprender a hornear mi propio pan. ***

Ivan: I'm not a bad cook, but I have just started learning how to bake my own bread.

***Su Lin: Todo lo que mi esposo hace en su tiempo libre es ir al bar o ver la televisión. Bueno, en realidad, no es verdad. A veces ayuda con las tareas domésticas.**

Su Lin: All my husband does in his free time is go to the pub or watch TV. Actually, that's not true. He does sometimes help with the housework.

***Ivan: Tal vez podrías pedirle que te ayude con la cocina. ***

Ivan: Maybe you could ask him to help you with the cooking.

***Su Lin: Tal vez. ***

Su Lin: Maybe.

***Ivan: A decir verdad, mi esposa está en un club de excursionismo, tal vez a ti y a tu esposo os gustaría eso. ***

Ivan: Actually, my wife is in a hiking club. Maybe you and your husband would like that.

***Su Lin: Lo haría, pero quizás mi esposo lo encuentre aburrido.** ¿Puedellamarme tu esposa para darme los detalles? *

Su Lin: I would, but maybe my husband would find it boring. Can your wife call me with the details?

***Ivan: Claro que sí. Le diré que te llame en cuanto llegue a casa. ***

Ivan: Sure. I will ask her to call you when I get home.

Fruits - A list of fruit and the difference between Fruit and Veggies.

Frutas

Sally: ¡Oye James, mira!¡Un arbusto de arándanos! Vamos a recoger algunos arándanos.

Sally: Hey James, look! A blueberry bush! Let's pick some blueberries.

James: ¡Oh sí! Me encantan los arándanos. Cortemos algunos. Mi familia recolecta bayas cada verano. Recolectamos arándanos, frambuesas y fresas. Mi madre las usa para hacer mermelada. Es realmente delicioso.

James: Oh yeah! I love blueberries. Let's pick some. My family goes berry picking every summer. We pick blueberries, raspberries, and strawberries. My mom uses them to make jam. It's really delicious.

Sally: Mi madre también hace mermelada. Ella usa melocotón y albaricoque. ¿Los arándanos son tu fruta favorita?

Sally: My mom makes jam, too. She makes peach and apricot. Are blueberries your favorite fruit?

James: ¡A mi **me gustan todas las frutas! Pero las manzanas son mis favoritas.** ¿Qué frutas te gustan?

James: I like all fruits! But apples are my favorite fruit. What fruits do you like?

Sally: Me gustan las frutas cítricas como las naranjas, los pomelos, y las clementinas. Los limones y las limas también son cítricas, pero son muy agrias.

Sally: I like citrus fruits, like oranges, grapefruits, and clementines. Lemons and limes are citrus fruits too, but they're too sour.

James: Oh sí. Esas frutas son buenas.

James: Oh, yeah, those fruits are good.

Sally: ¿Has ido alguna vez a un huerto de manzanas en otoño?

Sally: Do you ever go to the apple orchard in the fall?

James: Sí, a veces voy con mi familia. Recolectamos muchas manzanas. Recogemos manzanas dulces para comer y manzanas agrias para cocinar al horno. ¡Mi madre hornea tartas de manzanas con ellas!

James: Yes, sometimes I go with my family. We pick a lot of apples. We pick sweet apples to eat and sour apples for baking. My mom bakes apple pies with them!

Sally: Me encanta ir al huerto de manzanas. Mi familia tiene un jardín. Cultivamos diferentes tipos de melones.

Sally: I love going to the apple orchard. My family has a garden. We grow different kinds of melons.

James: ¿De qué tipo?

James: What kind?

Sally: Cultivamos sandías, melón de Cantaloupe, y melón dulce. ¡Las sandías se vuelven tan grandes! A veces cultivamos demasiadas, así que se las regalamos a los vecinos.

Sally: We grow watermelons, cantaloupe, and honeydew. The watermelons get so big! Sometimes we grow too many, so we give them to the neighbors.

James: Mi papá quiere cultivar un jardín. Quiere cosechar tomates. ¿Sabías que los tomates son una fruta?

James: My dad wants to cultivate a garden. He wants to grow tomatoes. Did you know tomatoes are a fruit?

Sally: ¡Vaya! Pero no saben a fruta.Yo siempre pensé que los tomates eran un tipo de vegetal.

Sally: Wow! But they don't taste like a fruit. I always thought tomatoes were a vegetable.

James: ¡No! Los tomates son una fruta. Como los aguacates.

James: Nope! Tomatoes are a fruit. So are avocados.

Sally: ¡Guau, no lo sabía!

Sally: Wow, I never knew!

Living Room - Things you will find in a living room

Cosas que encontrarás en la sala de estar

Henry: ¿Qué tal, Clem? Acabo de volver de la escuela. Realmente te encanta quedarte en ese "sofá".

Henry: What's up Clem? I just came back from school. You really love staying on that "sofa".

Clementine: Sí, es mi favorito. Dormí tanto tiempo que olvidé apagar el "ventilador".Ahora tengo mucho frío.

Clementine: Yes, it's my favorite. I slept for so long I forgot to turn off the "fan". Now, I feel so cold.

Henry: Lo siento, déjame encender la "calefacción". Te hará entrar en calor.

Henry: Sorry, let me turn on the "heater". It will make you feel warmer.

Clementine: Gracias Henry. Estoy tan aburrida que he estado tumbada en este "sofá" todo el día. Así de aburrida he estado.

Clementine: Thanks Henry. I feel so bored that I've been lying on this "couch" all day. That's how bored I've been.

Henry: (Risas) Debes de sentirte muy mal. ¿Por qué no encendemos la "televisión"?

Henry: (Chuckles) That must have felt really bad. Why don't we just turn on the "television"?

Clementine: ¡Cielos! Por qué nunca pensé en eso. Déjame coger el "mando a distancia de la tele".

Clementine: My word! How come I never even thought of that. Let me get the "TV remote".

Henry: Oh no. El "reproductor de DVD" se estropeó ayer, así que ni siquiera podemos ver la "tele".

Henry: Oh no. The "DVD player" got broken yesterday, so we can't even watch "TV"

Clementine: ¿Qué puede ir peor hoy? Tal vez sólo juegue al ajedrez en la "mesa". ¿Te gustaría acompañarme?

Clementine: Can this day get any worse? Maybe I'll just play chess on the "table". Would you like to join me?

Henry: No lo creo. Probablemente me siente en esta "silla" mirando el "reloj de pared" hasta que me de sueño.

Henry: I don't think so. I'll probably just sit on this "chair" staring at the "wall clock" till sleep calls.

Clementine: No hay problema entonces. Esta "mesa" es tan alta que prefiero jugar en la "alfombra".

Clementine: No problem then. This "table" is so high, I'd rather just play my game on the "carpet".

Henry: ¡Woah Clem! ¿Te has mirado en el espejo hoy? Tienes mala cara.

Henry: Woah Clem! Have you even looked in the "mirror" today? You look like crap.

Clementine: (Risas) No puedes culparme. He estado tan aburrida. Pero, por lo menos, leí un par de "revistas" educativas.

Clementine: (Chuckles) you can't blame me. I've been so bored. I read a couple of educational "magazines" though.

Henry: Deberías tomar un baño y apagar las "luces"" cuando salgas.

Henry: You should take a bath and turn off the "light" on your way out.

Clementine: Realmente necesito ese baño. Oh mira, las "persianas" y las "cortinas" están abiertas de par en par. No importa, las cerraré cuando salga.

Clementine: I really need that bath. Oh look, the "window blinds" and "curtains" are wide open. Never mind, I'll close them on my way out.

Nationalities - Countries, Nationalities and Languages

Países, Nacionalidades e Idiomas

Aubrey: Hola, he oído que eres el estudiante de intercambio de la "India".

Aubrey: Hey there, I heard you're the exchange student from "India".

Khan: Sí, lo soy. "Estados Unidos" es un país tan grande. Estudiar aquí siempre ha sido uno de mis sueños.

Khan: Yes, I am. The "United States" is such a great country. It has always been a dream of mine to study here.

Aubrey: Gracias. También soy una gran admiradora de su país y me encanta el "hindi".

Aubrey: Thank you. I'm also a great fan of your country and I love "Hindi".

Khan: ¿En serio? ¿Qué es lo que te gusta del idioma? Siempre he preferido el "español". Es un idioma tan hermoso.

Khan: Seriously? What do you love about the language? I've always preferred "Spanish". Such a beautiful language.

Aubrey: Realmente no lo sé. Me encanta cómo suena. Incluso desearía haber nacido "india".

Aubrey: I really don't know. I just love the way it sounds. I even wish I had been born an "Indian".

Khan: (Risas) Los "indios" desearían ser "estadounidenses" y viceversa. ¿No es **divertido?**

Khan: (chuckles) "Indians" wish they were "Americans" and vice versa. Isn't that funny?

Aubrey: Mi mamá es "irlandesa", mi papá es "brasileño" y yo nací en "Estados Unidos". Como puedes ver, estoy relacionada con muchos países.

Aubrey: My mum is actually "Irish", my dad is "Brazilian" and I was born in "America". So, as you can see, I'm associated with many countries.

Khan: Wow. Lo encuentro realmente increíble. No me digas que hablas con fluidez todos los idiomas, "inglés británico", "portugués" e "inglés americano", ¡porque eso sería fantástico!

Khan: Wow. I find that really awesome. Don't tell me you're fluent in all languages, "British English", "Portuguese" and "American English" because that would be just awesome!

Aubrey: (Risas) No hablo con fluidez el idioma de mi padre, pero puedo hablar perfectamente "inglés británico y americano".

Aubrey: (Chuckles) I'm not that fluent in my father's language but I can speak "British and American English" perfectly.

Khan: Eso es genial. También he estado en "Kenia" hace poco para observar la hermosa flora y fauna salvajes que tienen allí.

Khan: That's really nice. I have also been to "Kenya" in the past to see the beautiful wildlife they have there.

Aubrey: Me encanta el "swahili", la lengua oficial de "Kenia". Espero que hayas disfrutado de tu estancia allí.

Aubrey: I love "Swahili", the official language of "Kenya". I hope you enjoyed your stay there?

Khan: Sí, fue lo mejor. Los "kenianos" son gente muy agradable. Son aún más amables que los "turcos", quienes son conocidos por ser gente muy acogedora.

Khan: Yes, it was the best. "Kenyans" are really nice people. They're even nicer than the "Turks", who are known to be really kind people.

Aubrey: Eso es realmente cierto. Espero visitar "Turquía" algún día.

Aubrey: That's really true. I hope to visit "Turkey" some day.

Khan: Genial. Mi esperanza es hablar "inglés" con la misma fluidez que tú algún día.

Khan: Cool. My hope is to speak "English" as fluently as you some day.

Numbers - Numbers
Números

Jessie: Patrick, ¿puedo preguntarte cuantos diferentes tipos de cosas coleccionas?

Jessie: Patrick, can I ask how many different things you collect?

Patrick: Diría que solo dos cosas diferentes - modelos de automóviles y revistas viejas. Sin embargo, también tengo una gran colección de discos compactos - pero los escucho. Los otros dos solo los colecciono ya que creo que es interesante.

Patrick: I would only say two different things – model cars and old magazines. However, I do also have a large CD collection – but I do listen to them. The other two I just collect as I think it is interesting.

Jessie: Coleccionar modelos de coche suena interesante- ¿Sabes cuántos tienes?

Jessie: Collecting model cars sounds interesting – do you know how many you have?

Patrick: Bueno, mi tío me dio su colección cuando yo tenía diez años. Si mal no recuerdo él tenía ciento veinte automóviles en su colección en aquella época.

Patrick: Well, my uncle gave me his collection when I was ten. If I remember, he had one hundred and twenty cars in his collection at that time.

Jessie: ¡Genial! Eso fue muy generoso de su parte.

Jessie: Wow. That was generous of him.

Patrick: Lo fue. Creo que fue porque no tenía hijos y yo soy su único sobrino. Me tiene a mí y a nueve sobrinas.

Patrick: It was. I guess it was because he has no kids of his own and I am his only nephew. He has me and nine nieces.

Jessie: ¡Nueve sobrinas y tú! Eso es bastante raro.

Jessie: Nine nieces and you! That is unusual.

Patrick: Lo sé. De todas formas, regresando a mis modelos de autos, creo que he agregado algo entre ochenta y cien a la colección, así que creo que tengo al menos doscientos. La colección completa debe valer al menos $10,000.

Patrick: I know. Anyway, going back to my cars, I guess I have added somewhere between eighty and a hundred to the collection, so I guess I have at least two hundred. The whole collection must be worth at least $10,000.

Jessie: Y hablando de las revistas. ¿Cuánto tiempo llevas coleccionándolas?

Jessie: What about your magazines. How long have you been collecting them?

Patrick: Por lo menos veinte años - mi padre empezó a coleccionar revistas cuando era niño, así que algunas de mi colección tienen más de cincuenta años. Tengo que tener al menos mil revistas ahora - incluso tengo algunas de países como Japón y Corea del Sur.

Patrick: At last twenty years – my father started collecting magazines when he was a child, so some of my collection is over fifty years old. I must have at least a thousand magazines now – I even have some from countries such as Japan and South Korea.

Jessie: Me encantaría verlas.

Jessie: I would love to see them.

Patrick: Puedes verlas otro día. Las guardo en un empaquetado especial.

Patrick: You can another day. I keep them in special packaging.

Jessie: ¿Y los CDs?

Jessie: What about your CDs?

Patrick: De hecho, los conté ayer. Tengo setecientos cuarenta y uno.

Patrick: Actually, I counted them yesterday. I have seven hundred and forty-one.

Jessie: ¡Es imposible que los escuches todos!

Jessie: You cannot listen to them all!

Patrick: Supongo que no. Hay cerca de cuarenta que son mis favoritos. Esos los escucho más que los demás.

Patrick: I guess not. There are about forty or so that are my favorite ones. I play those more than the others.

Jessie: ¡Tal vez debería comenzar a coleccionar algo!

Jessie: Maybe I should start collecting something!

Opposites - Adjectives - Different adjectives with their opposites
Opuestos - Adjetivos - Diferentes adjetivos con sus opuestos

***Sunita:** ¿puedo hacerte una pregunta personal? *

Sunita: May I ask you a personal question?

***Jose: Puedes preguntar. Sin embargo, no estoy segura de poder responderla. ***

Jose: You can ask. I am not sure if I will be able to answer it though.

***Sunita: Alguien dijo que tenías seis hijos.** ¿Es eso cierto? *

Sunita: Someone said you had six children. Is that true?

***Jose: Sí. Tuve dos niños. Luego tuve gemelos: un niño y una niña. Luego tuve dos chicas. Y todos son diferentes. ***

Jose: Yes. I had two boys. Then I had twins – a boy and a girl. Then I had two girls. And they are all different.

***Sunita: ¡En serio! ¿En qué sentido? ***

Sunita: Really! In what way?

***Jose: Ben, mi hijo mayor, es muy alto, pero todos los demás niños son bastante bajos, como yo. ***

Jose: Ben, my oldest, is really tall, but all of the other kids are quite short, like me.

***Sunita: ¿Tu esposo es alto? ***

Sunita: Is your husband tall?

***Jose: Sí. Además, Dempsey, mi gemelo mayor, es muy extrovertido, pero James, su gemelo es muy tranquilo. Sin embargo, James es super inteligente, mientras que Dempsey no es inteligente para nada. ***

Jose: Yes. Also, Dempsey, my oldest twin is really outgoing, but James, her twin is really quiet. However, James is super smart, while Dempsey is not clever at all.

***Sunita: Es extraño cómo sucede eso. ***

Sunita: It is strange how that happens.

***Jose: Además, a Lizzy, mi hija menor, le encanta cualquier color que sea brillante, mientras que Sophia, que es sólo un año mayor, prefiere los colores oscuros. Sophia también se esfuerza mucho en la escuela, pero Lizzy es un poco perezosa. ***

Jose: Also, Lizzy, my youngest, loves any color that is bright, while Sophia, who is only a year older, prefers dark colors. Sophia also works hard at school, but Lizzy is a little lazy.

***Sunita: ¿Tú y tu esposa sois diferentes? ***

Sunita: Are you and your wife different?

***Jose: Mucho. Sus padres son bastante ricos, pero los míos son relativamente pobres. A veces esto puede crear problemas. ***

Jose: Very. His parents are quite wealthy, but mine are relatively poor. It can create problems sometimes.

***Sunita: Me lo puedo imaginar. ***

Sunita: I can imagine.

***Jose: Además, mi esposa es muy organizada. Planea todo antes de hacerlo. Yo, por otro lado, soy bastante desorganizado. ***

Jose: Moreover, my wife is really organized. He plans everything before he does it. I, on the other hand, am quite disorganized.

***Sunita: Supongo que eso vuelve loco a tu esposa. Mi esposo es como tú y a veces me enoja tanto. Me enfado fácilmente, pero mi marido se lo toma todo con mucha tranquilidad. ***

Sunita: I guess that drives your wife crazy. My husband is like you and it makes me so angry sometimes. I do get angry easily, but my husband is calm about everything.

Jose: Yo era como tú, pero cuando llegaron los niños, tenía que asegurarme de mantener la calma por ellos. Tal vez te pase lo mismo que a mi después de tener hijos. *

Jose: I was like you, but when the kids came along, I had to make sure I remained calm for them. Perhaps you will be the same after you have given birth.

***Sunita: Tal vez. Supongo que tendremos que esperar y ver qué pasa. ***

Sunita: Maybe. I guess we will have to wait and see.

Opposites - Verbs - Different verbs with their opposites
Verbos opuestos

Max: Oye, me quedé "despierto" toda la noche después de la fiesta.

Max: Hey, I stayed "awake" all night after the party.

Phoebe: Wow. ¿Cómo es posible? Me quedé "dormida" casi inmediatamente cuando llegué a casa.

Phoebe: Wow. How come? I fell "asleep" almost immediately I got home.

Max: No es de extrañar que hayas "llegado" temprano a la escuela esta mañana.

Max: No wonder you "arrived" at school early this morning.

Phoebe: Sí. Te quedaste demasiado tiempo en la fiesta. Deberías "haberte ido" antes.

Phoebe: Yes. You stayed too long at the party. You should have "left" earlier.

Max: De todos modos, has "completado" esa difícil tarea de Matemáticas.

Max: Anyway, have you "completed" that difficult Mathematics assignment.

Phoebe: ¿Me estás tomando el pelo? Confiaba en ti. Ni siquiera la he "empezado".

Phoebe: Are you kidding me? I was relying on you. I've not even "started" at all.

Max: Uf… Estoy muy "preocupado" ahora mismo porque nos podrían castigar.

Max: Phew… I'm very "worried" right now because we could be punished.

Phoebe: Mantén la "calma", todo irá bien.

Phoebe: Keep "calm", everything will be fine.

Max: Tenemos que encontrar una solución. Quiero "aprobar" mi tarea.

Max: We have to find a solution. I want to "pass" my assignment.

Phoebe: Me estás haciendo entrar en pánico. No podemos "suspender", confía en mí.

Phoebe: You're making me panic. We cannot "fail", trust me.

Max: Ni siquiera tenemos las respuestas. ¿Conoces a alguien que pueda "enseñarnos"?

Max: We don't even have the answers. Do you know anyone who can "teach" us?

Phoebe: El tema es realmente interesante. Podemos "aprender" por nuestra cuenta.

Phoebe: The topic is actually interesting. We can "learn" it on our own.

Max: Es una gran idea. Me "sentaré" allí.

Max: That's a great idea. I will "sit" over there.

Phoebe: Genial. Yo me quedaré "de pie".

Phoebe: Cool. I will just "stand".

(Ambos completaron la tarea en 15 minutos).

(Both complete the assignment in 15 minutes)

Max: Esto ha sido realmente "duro".Deberíamos descansar un poco.

Max: That was really "tough". We should rest a little.

Phoebe: Para mi ha sido bastante "simple". Deberías mejorar tus matemáticas.

Phoebe: It was kind of "simple" for me. You should really improve on your mathematics.

Max: Vamos a "dárselo" a alguien para que lo entregue por nosotros.

Max: Let's "give it" to someone to submit it for us.

Phoebe: Si me preguntas, creo que es mejor que el maestro lo "reciba" directamente de nuestras manos.

Phoebe: If you ask me, I think it's better the teacher "receives" it right from our hands.

Max: Muy bien, entonces, "vamos" nosotros mismos a entregarlo.

Max: Okay then, let's "go" ourselves to hand it in.

Phoebe: Así se habla. Pero por favor, "deja" de tararear. Odio cuando haces eso.

Phoebe: Now you're talking. But please "stop" humming. I hate it when you do that.

Max: Por eso es exactamente por lo que somos amigos. Siempre "terminamos" las cosas.

Max: That's exactly why we're friends. We always "get" things done.

Phoebe: Espera a que le "pida" mi bolígrafo a Ben antes de que nos vayamos a casa.

Phoebe: Wait for me to "collect" my pen from Ben before we start going home.

Parts of the body - A chart showing the different parts of the body in English

Diferentes partes del cuerpo

Esther: El tipo con el mejor "cabello" de la escuela…Hola.

Esther: The guy with the best "hair" in school… Hi.

Aaron: ¿Qué tal Esther? Gracias por el cumplido. Tus "ojos" también son muy hermosos.

Aaron: What's up Esther? Thanks for the compliment. Your "eyes" are also very beautiful.

Esther: Gracias. Es mi mejor característica. Una vez un tipo se golpeó la "cabeza" contra una pared mientras me miraba los "ojos" (risas).

Esther: Thank you. It's my best feature. A guy once hit his "head" on a wall while staring at my "eyes" (chuckles).

Aaron: (Risas). No puedes culparlo. Espero que sus "ojos" y "oídos" no se hayan lastimado en el proceso porque eso sería muy malo.

Aaron: (Laughs). You really can't blame him. I hope his "eyes" and "ears" didn't also get hurt in the process because that would be really bad.

Esther: No. La única otra complicación fue su "tobillo" que se torció.

Esther: Nope. The only other complication was his "ankle" that got twisted.

Aaron: Gracias a Dios. Espero que se mejore pronto porque he oído que una lesión en el tobillo puede provocar dolores en los "pies".

Aaron: Thank God. Hope he gets better soon because I heard an "ankle" injury can lead to pains on the "feet".

Esther: Eso es cierto. Se pondrá mejor. Pero en serio, Aaron, ¿cómo te las arreglas para mantener tu "cabello" y tus "cejas" tan geniales todo el tiempo?

Esther: That's true. He'll get better. But seriously, Aaron, how do you manage to keep your "hair" and "eyebrows" this cool all the time.

Aaron: (Sonríe) Noté que los rasgos de mi cara como mi "nariz" y mi "boca" no eran muy bonitos. Así que decidí que tener un gran "cabello" compensaría mis malos rasgos faciales.

Aaron: (Smiles) I noticed the features on my face like my "nose" and "mouth" weren't really very good. So I decided that having great "hair" would compensate for my bad facial features.

Esther: Wow. Ese plan funcionó a la perfección porque toda tu "cara" ahora luce perfecta.

Esther: Wow. That plan worked to perfection because your whole "face" now looks perfect.

Aaron: Gracias. ¿Te enteraste del accidente de anoche que hirió a 10 personas, a la mayoría de ellas en sus "dientes"?

Aaron: Thank you. Did you hear about the accident last night that injured 10 people, most of them on their "teeth"?

Esther: Oh, sí. Es realmente triste. Los internaron a todos en el hospital de mi padre. Mi papá es un dentista, uno que cuida los "dientes" y las "encías" de la "boca".

Esther: Oh yes. It's really sad. They were all admitted to my dad's hospital. My dad is a dentist, someone who looks after the "teeth" and "gums" of the "mouth".

Aaron: ¡Oh, Dios mío! No sabía que tu padre trabajaba en medicina. Yo mismo espero llegar a ser óptico en el futuro, alguien que cuida de los "ojos".

Aaron: Oh my God! I never knew your dad was in the medicine line. I, myself, hope to become an optician in the future, someone who looks after the "eyes".

Personal Information - Talking about yourself in English
Información personal

María: Hola, mi nombre es María. ¿Cuál es tu nombre?

Maria: Hi, my name is Maria. What's your name?

Brandon: Mi nombre es Brandon. Es un gusto conocerte María.

Brandon: My name is Brandon. It's nice to meet you, Maria.

Maria: Es un gusto también conocerte. ¿De dónde eres?

Maria: It's nice to meet you, too! Where are you from?

Brandon: Vengo de NuevaYork. ¿De dónde eres tú?

Brandon: I'm from New York. Where are you from?

María: Vengo de Texas. ¿Alguna vez has estado en Texas?

Maria: I'm from Texas. Have you ever been to Texas?

Brandon: No, no he estado en Texas, pero siempre he querido ir. ¿Qué estás haciendo en Washington?

Brandon: No, I haven't, but I've always wanted to go. What are you doing in Washington?

María: Me mude aquí por trabajo. Soy profesora de inglés en Arlington.

Maria: I moved here for work. I'm an English teacher in Arlington.

Brandon: ¡Vaya!, eso está genial. Yo soy enfermero en Alexandria. ¿Cuánto tiempo has vivido aquí?

Brandon: Wow, that's great. I'm a nurse in Alexandria. How long have you lived here?

Maria: Me mudé aquí hace tres años después de terminar la universidad. ¿Y tú?

Maria: I moved here three years ago after I finished college. What about you?

Brandon: Me mude aquí hace dos meses. Vivía en Siracusa, Nueva York antes de mudarme aquí. ¿Tienes 25 (veinticinco) años?

Brandon: I moved here two months ago. I lived in Syracuse, New York before moving here. Are you 25 years old?

María: Sí, tengo 25 (veinticinco) ¿Cuántos años tienes tú?

Maria: Yes, I'm 25. How old are you?

Brando: Tengo 28 (veintiocho), casi 29 (veintinueve). Mi cumpleaños es el próximo mes. El 13 (trece) de diciembre. ¿Cuándo es tu cumpleaños?

Brandon: I'm 28, almost 29. My birthday is next month. December 13. When is your birthday?

María: Mi cumpleaños en el 23 (veintitrés) de marzo.

Maria: My birthday is March 23.

Brandon: Genial. ¿Tienes alguna mascota?

Brandon: Cool. Do you have any pets?

María: Sí, tengo un perro. Me gusta llevarlo a dar **paseos cerca del río.** ¿Tienes mascotas?

Maria: Yes, I have a dog. I like to take him for walks near the river. Do you have pets?

Brandon: No, pero quiero tener un gato. Viajo mucho así que no podría tener un perro.

Brandon: No, but I want to get a cat. I travel a lot, so I couldn't get a dog.

María: Tener un perro hace que viajar sea duro. ¿Vas a Nueva York a visitar a tus familiares muy a menudo?

Maria: Having a dog does make traveling hard. Do you go to New York a lot to visit your family?

Brandon: Si, voy a casa en los días festivos. Y también visito una nueva ciudad cada año.

Brandon: Yes, I go home for the holidays. I also travel to a new city every year.

María: Eso es asombroso.Me encantaría poder viajar más.

Maria: That's awesome. I wish I could travel more.

Brandon: Sí. Bueno, me tengo que ir. Fue bonito conocerte María. Aquí esta mi número de teléfono por si quieres que nos veamos de nuevo. ¡Hasta luego!

Brandon: Yeah. Well, I have to go. It was nice meeting you, Maria. Here is my phone number if you would like to meet again. See you around!

María: ¡Adiós! Fue un gusto conocerte.

Maria: Goodbye! Nice meeting you!

Physical descriptions
Descripciónes física

Yi-hsuan: ¿Puedo hacerte una pregunta un poco personal?

Yi-hsuan: May I ask you a slightly personal question?

Ted: Supongo que puedes preguntarme, Yi-hsuan, pero podría no responderte.

Ted: I guess you can ask, Yi-hsuan, but I may not answer.

Yi-hsuan: Alguien me dijo que tienes nueve hermanos y hermanas, ¿es cierto?

Yi-hsuan: Someone told me you have nine brothers and sisters. Is that true?

Ted: De hecho, tengo 8 hermanos y hermanas. Mis padres tienen nueve hijos, y yo soy el más joven.

Ted: Actually, I have eight brothers and sisters. My parents have nine children, and I am the youngest.

Yi-hsuan: ¡Genial!, ¿sois parecidos, tú y tus hermanos?

Yi-hsuan: Wow! Are you and your siblings the same?

Ted: ¡Para nada! Algunos de nosotros tenemos el pelo rubio como mi madre, y otros tienen pelo negro como mi padre. Además, todos los chicos son un poco altos, pero todas las chicas son un poco bajas.

Ted: Not at all! Some of us have fair hair like my mother, and some have dark hair like my father. Moreover, all the boys are quite tall, but all the girls are quite short.

Yi-hsuan: Si los viera a todos, ¿sería capaz de decir que son de la misma familia?

Yi-hsuan: If I saw them all, would I be able to tell you were related?

Ted: Muchas personas dicen que todos tenemos la nariz de mi padre. Como puedes ver, tengo una nariz un poco grande.

Ted: Many people say we all share my father's nose. As you can see, I do have quite a big one.

Yi-hsuan: Pienso que se ve bien. Bueno, ¿son todos delgados como tú?

Yi-hsuan: I think it looks OK. Anyway, is everyone slim like you?

Ted: La mayoría de nosotros lo somos. Sin embargo, Jerry tiene diecisiete años y tiene un poco de sobrepeso. De hecho, estoy siendo bastante educado. Muchas personas dirían que está gordo, pero está intentando perder peso. También es increíblemente velludo, su pecho, sus brazos, sus piernas - todas esas partes cubiertas con pelo negro oscuro.

Ted: Most of us are. However, Jerry, he is seventeen, is a little overweight. Actually, I am being polite. Many people would say he is fat, but he is trying to lose weight. He is also incredibly hairy – his chest, his arms, his legs – they are all covered in dark black hair.

Yi-hsuan: Alguien dijo que tenías hermanas gemelas.

Yi-hsuan: Someone said you had twin sisters.

Ted: Sí, Penny y Patricia. Ambas son delgadas, y con pelo rubio. Ellas también tienen piel blanca como mi madre.

Ted: Yes. They are called Penny and Patricia. They are both slim, with blond hair. They also have very fair skin like my mother.

Yi-hsuan: ¿Cómo son tus padres?

Yi-hsuan: What are your parents like?

Ted: Mi madre es pequeña y delgada. Tiene pelo rubio y ojos azules.

Ted: My mother is small and slim. She has fair hair and bright blue eyes.

Yi-hsuan: Suena linda.

Yi-hsuan: She sounds pretty.

Ted: Lo es. Mi padre mide alrededor de 196 centímetros y es muy musculoso. Así como su nariz es grande, sus pies también son enormes.

Ted: She is. My father is about 196 centimeters tall and very muscular. As well as his nose, he has huge feet.

Yi-hsuan: Ellos suenan muy diferentes.

Yi-hsuan: They sound very different.

Ted: Lo son.

Ted: They are.

Places in a city - Different places you go to in a city or town
Lugares en una ciudad - Diferentes lugares a los que ir en una ciudad o pueblo

***Honza: Hola. ¿Eres nueva? Creo que no te he visto antes en la oficina. ***

Honza: Hello. Are you new? I do not think I have seen you in the office before.

John: Sí. Este es mi primer día. Mi nombre es John.

John: Yes. This is my first day. My name is John.

***Honza: Me llamo Honza. ¿Eres de aquí?**

Honza: My name is Honza. Are you from here?

***John: No. Vivía en el norte. Me mudé a un apartamento nuevo el sábado pasado. ***

John: No. I used to live in the north. I moved into a new apartment last Saturday.

***Honza: ¿Vives en el centro? ***

Honza: Do you live downtown?

***John: Sí. Vivo enfrente de la iglesia. ***

John: Yes. I live opposite the church.

***Honza: Sé dónde te refieres. Hay un buen restaurante japonés cerca de la iglesia. También está muy cerca de un gran supermercado y de una gran tienda de alimentos saludables. ***

Honza: I know where you mean. There is a good Japanese restaurant close to the church. You are also quite close to a big supermarket and a great health food store.

***John: Eso suena bien. También vi una librería que parecía interesante. Espero encontrar un gimnasio cerca de donde vivo también. ***

John: That sounds good. I also saw a bookstore that looked interesting. I hope to find a gym close to where I live as well.

***Honza: Hay uno en la ciudad, pero está al otro lado. Tiene una piscina también. De todas maneras, estás cerca de una escuela secundaria, y también hay una pista de atletismo que algunas personas usan. Además, tienes una pizzería cerca. ***

Honza: There is one in town, but it is the other side of town. It has a swimming pool as well. You are close to a junior high school though. There's a running track there that some people use. There's also a pizza place close to it.

Professions - Occupations and jobs
Ocupaciones y empleos

Larry: Hey Cynthia, ¿qué te gustaría ser cuando seas mayor? Estoy seguro de que dirás "Doctora".

Larry: Hey Cynthia, what would you like to be when you grow up? I'm sure you'll say a "Doctor".

Cynthia: (Risas) Bastante gracioso, nunca he pensado en ello, pero ahora que lo has mencionado, creo que "Artista".

Cynthia: (Chuckles) Funnily enough, I've never really thought about it but now that you mention it, I think an "Artist".

Larry: Hmm... No es una mala elección, ya que eres muy buena dibujando. Aunque, pensé que preferirías ser más una "Arquitecta" que una "Artista".

Larry: Hmm... It's not a bad choice though, since you're very good at drawing. Although, I thought you'd rather choose to be an "Architect" than an "Artist".

Cynthia: Ambas son ocupaciones muy interesantes, pero la "Arquitectura" nunca se me ha pasado por la cabeza. La única otra ocupación en la que he pensado es "Derecho", ya que me encantan los "Abogados".

Cynthia: Both of them are really nice occupations but "Architecture" has never really crossed my mind. The only other occupation I've thought of is "Law" as I really love "Lawyers".

Larry: Los "abogados" también son buenas personas. En mi caso, quiero ser deportista, preferiblemente "futbolista".

Larry: "Lawyers" are great people too. For me, I want to be a sportsman, preferably a "footballer".

Cynthia: (Sonríe) Sabía que dirías "fútbol" por tu amor por Cristiano Ronaldo, pero ¿no piensas que ser un "jugador de baloncesto" sería genial ?.

Cynthia: (Smiles) I knew you would say "football" because of your love for Cristiano Ronaldo but don't you think becoming a "basketball player" would be cool.

Larry: "Baloncesto" no está mal, pero creo que prefiero el "fútbol". Podría terminar convirtiéndome en un "jugador de tenis". Novak Djokovic es un gran ejemplo para mí.

Larry: "Basketball" isn't bad but I think I just prefer "football". I could end up becoming a "tennis player". Novak Djokovic is a great influence on me.

Cynthia: El tenis también es genial. ¿Qué hacen tus padres? Déjame adivinar; tu madre es "Ingeniera Civil" y tu padre "Farmacéutico". ¡¿Dime que tengo razón?!

Cynthia: Tennis is cool too. What do your parents do? Let me take a wild guess; your mum is a "Civil Engineer" and your dad is a "Pharmacist". Tell me I'm right?!

Larry: ¡Oh Vaya! ¡Tienes razón! Bueno, más o menos… tienes razón en la profesión de mi padre, pero mi madre es "Ingeniera Eléctrica" y no "Ingeniera Civil".

Larry: Oh, wow! You are right! Well, somehow… you got my dad's profession right but my mum is an "Electrical Engineer" and not a "Civil Engineer".

Cynthia: Soy muy buena adivinando (sonríe)… Al menos he acertado con lo de "Ingeniera".

Cynthia: I'm so good at guessing (smirks)… At least I got the "Engineer" right.

Larry: Sí. Espero terminar convirtiéndome en un "futbolista".

Larry: Yeah. I hope I end up becoming a "footballer".

Cynthia: De igual forma, mi esperanza es llegar a ser una "Artista" o una "Abogada".

Cynthia: Same here, my hope is to end up as either an "Artist" or "Lawyer".

Telephone numbers - How to say telephone numbers in English.
Numeros telefónicos

Sarah: Hola Dan, ¿Cómo estás? ¡Qué bueno verte! ¿Qué has hecho últimamente?

Sarah: Hi Dan, how are you? So good to see you! What have you been up to lately?

Dan: Oh, ¡hola Sarah! ¡Siento que no te he visto en mucho tiempo! Bueno, de hecho, tengo algunas noticias...Acabo de empezar un nuevo trabajo.

Dan: Oh, hi Sarah! I feel like I haven't seen you for ages! Well, I do have some news... I have recently started a new job.

Sarah: ¿En serio? ¿dónde**?**

Sarah: Really? Where?

Dan: Justo acabo de comenzar a trabajar con Amanda, y su compañía de servicios de comida.

Dan: I've just started working with Amanda, and her catering company.

Sarah: ¡Eso es excelente! ¿Cómo esta Amanda? ¿Cómo **va el negocio?**

Sarah: That's great! How is Amanda? How's the business going?

Dan: Va bastante bien. Aún estoy empezando enterarme de cómo funciona **todo, y Amanda ha sido de mucha ayuda.**

Dan: It's going quite well. I'm just getting the hang of it, and Amanda has been very helpful.

Sarah: De hecho, justamente estoy planeando una fiesta para el cumpleaños de mi hermana, y necesito de un buen servicio de comidas. ¿Puedes darme tu número de teléfono, para poder arreglar todos los detalles?

Sarah: Actually, I am just planning a party for my sister's birthday, and I'm in need of a good caterer. Can you give me your phone number, so that we can arrange all the details?

Dan: Sí, de acuerdo. ¡Eso estaría muy bien! ¿Puedes anotarlo?

Dan: Yes, sure, that would be great! Can you write it down?

Sarah: ¡Por supuesto!

Sarah: Of course!

Dan: Mi número de teléfono es el 818-534-9206 (Ocho-uno-ocho, cinco-tres-cuatro, nueve-dos-cero-seis)

Dan: My phone number is 818-534-9206.

Sarah: Lo siento, ¿Podrías darme el número una vez más por favor? No lo pude escuchar del todo bien.

Sarah: I'm sorry, could you say that again, please? I didn't quite catch that.

Dan: ¡No hay problema! Ocho-uno-ocho, cinco-tres-cuatro, nueve-dos-cero-seis

Dan: Not a problem! Eight-one-eight, five-three-four, nine-two-zero-six.

Sarah: ¡Excelente! Te llamaré la próxima semana.

Sarah: Great! I'll call you next week.

Dan: Si la línea esta ocupada, puedes llamarme a mi móvil del trabajo. Este es el número: 1-800-444-1298.

Dan: If the line is busy, you can get me on my work cell. Here's the number: 1-800-444-1298.

Sarah: Gracias Dan. Solo para corroborar, ¿el número es uno, ochocientos, cuatro-cuatro-cuatro, uno-dos-nueve-ocho, cierto?

Sarah: Thank you, Dan. Just to check, it's one, eight hundred, four-four-four, one-two-nine-eight, right?

Dan: ¡Es correcto! ¡Espero saber de ti pronto!

Dan: That's it! Hope to hear from you soon!

Sarah: Sí, ¡definitivamente! Espera mi llamada la próxima semana. ¡Adiós!

Sarah: Yes, definitely! You can expect my call next week. Bye!

Dan: Adiós, Sarah. ¡Fue muy bueno verte!

Dan: Goodbye, Sarah! It was great seeing you!

Sarah: ¡Igual!

Sarah: You too!

Telling the time - Do you know how to say the time in English?

Indicar la hora

Miles: Hola Mary, ¿qué hacías ayer a las "ocho y media" de la noche ?.

Miles: Hey Mary, what were you up to at "half past 8" last night.

Mary: En ese momento, estaba en un restaurante después de terminar mi trabajo a las « 7 menos cuarto", lo que es bastante pronto considerando el tipo de trabajo que hago.

Mary: At that time, I was at a restaurant having finished work at "quarter to 7", which is pretty early considering the kind of job I do.

Miles: Wow. Me sorprende que te dejen salir tan temprano porque nunca te dejan salir de la oficina antes de las "8 en punto".

Miles: Wow. I'm surprised they let you leave that early because they never let you leave the office any time before "8 o'clock".

Mary: Yo también me quedé impresionada. Así que hice el mejor uso de esta oportunidad y me di el capricho cenando en Best Buy, pero tenía que estar en casa antes de las "nueve y cuarto".

Mary: I was shocked as well. So I made the best use of it by treating myself to a nice dish at Best Buy but I had to be home before "quarter past 9".

Miles: ¿Por qué pasa eso? En mi caso puedo estar fuera todo el tiempo que quiera, incluso hasta las "11 en punto".

Miles: Why is that? For me, I can stay out for as long as I like, even till "11 o'clock".

Mary: Wow. Tienes mucha suerte. Tengo que llegar a casa temprano para preparar la comida a mi hijo antes de la hora de acostarse a las « 10 menos cuarto".

Mary: Wow. You're so lucky. I have to get home early to prepare food for my son before his bed time at "quarter to 10".

Miles: (Sonríe) Mi esposa se encargará de la cena de mi hijo antes de que se acueste a las "siete y media". ¿Cómo es que permites que tu hijo se quede despierto hasta tan tarde?

Miles: (Smiles) My wife will take care of my son's dinner before his bed time at "half past 7". How come you allow your son to stay up so late in the night?

Mary: En su escuela le mandan muchas tareas, así que le lleva mucho tiempo hacerlas. Cuando estaba en su antigua escuela, ya estaba en la cama a las "7 en punto".

Mary: His school gives lots of assignments, so it takes such a lot of time for him to complete them. He used to be in bed as early as "7 o' clock" when he was in his former school.

Miles: Odio ese tipo de escuelas. Solo estresan estresando a los niños innecesariamente. La escuela de mi hijo cierra a las "tres y media".¿No es así como debería ser?

Miles: I hate schools like that. Just stressing little children unnecessarily. My son's school closes at "half past 3". Isn't that how it should be?

Mary: ¡Ya amo la escuela de tu hijo! Mi hijo termina la escuela muy tarde, a las "6 en punto". He decidido que voy a buscarle una nueva escuela.

Mary: I love your son's school already! My son finishes school as late as "6 o'clock". I've decided I'll find a new school for him.

Temperature - Saying how hot or how cold something is
La temperatura

Miriam: Oye Chris, ¿Cómo estuvo España? ¿Lo pasásteis bien?

Miriam: Hey Chris, how was Spain? Did you have a nice time?

Chris: Sí, ¡estuvo fenomenal! ¡Lo disfrutamos mucho! Vimos muchas cosas asombrosas.

Chris: Yeah, it was amazing! We had a blast! We've seen so many amazing things.

Miriam: ¡Qué genial! Realmente me gustaría visitar España algún día.

Miriam: That's great! I would really like to visit Spain one day.

Chris: Deberías, definitivamente. Solamente no vayas a mediados de agosto…

Chris: You definitely should. Just don't go in the middle of August...

Miriam: ¿Por qué?

Miriam: Why/ (In Eglish we would probably respond to the negative interference = why not?)

Chris: Bueno… ¡Hacía muchísimo calor! ¡Estábamos **cerca de los 100 °F (cien grados fahrenheit)!**

Chris: Well.... It was boiling hot, it was about 100°F!

Miriam: Guau. ¡Eso es realmente muy caliente! ¿Revisaron las predicciones del clima antes de viajar?

Miriam: Wooow, that's really hot! Did you check the weather forecast before you went?

Chris: Sí, lo hicimos. Decían que iba a hacer bastante calor, pero hacía demasiado calor para nosotros. Yo prefiero que la temperatura esté alrededor de los 80°F (ochenta Fahrenheit). Ese es el clima perfecto para mí.

Chris: Yes, we did. They said it was going to be pretty hot, but it was a bit too hot for us. I'd prefer the temperature to be around 80°F. That's perfect weather for me.

Miriam: Probablemente solo era una ola de calor. ¿Cómo estuvo el clima el resto del viaje?

Miriam: It was probably just a heat wave. What was the weather like during the rest of your trip?

Chris: Estuvo bastante bien. Sobre todo soleado, con algunos intervalos nublados durante el día.

Chris: It was quite good. It was mostly sunny, with some cloudy intervals during the day.

Miriam: ¡Asombroso! Cálido y placentero. ¿Qué más podrías pedir?

Miriam: That's great! Warm and pleasant, what more could you ask for?

Chris: ¡Cierto! Hubo solo unas pocas lluvias, por lo que la temperatura bajó a 70°F. Pero no duró **mucho tiempo. ¿Cómo estuvo el clima aquí mientras nosotros no estábamos?**

Chris: Right! There were just a couple of showers, after which the temperature went down to 70°F, but it didn't last for long. What was the weather like here while we were away?

Miriam: ¡Estuvo horrible! No puedo recordar la última vez que estuvo así de helado en marzo. Hizo frío al inicio de la semana, pero un poco después empezó a llover y se puso terriblemente helado. ¡Incluso tuvimos que usar abrigos!

Miriam: It was crazy! I can't remember the last time it was this freezing cold in March.

It was chilly at the beginning of the week, but later on, it started raining and it was bitterly cold. We had to wear coats!

Chris: Bueno, ¡al menos no estaba sofocante de calor! Podías respirar…

Chris: Well, at least it wasn't stifling! So you could breathe...

Mirian: Sí, tienes razón. No sé qué es peor…

Miriam: Yes, you're right. I don't know what's worse...

Chris: ¿Cuál es el pronóstico del clima para la próxima semana?

Chris: What's the weather forecast for next week?

Miriam: Creo que estará templado por la mañana, pero un poco más caliente durante el día. Alrededor de 65°F (sesenta y cinco grados Fahrenheit)

Miriam: I think it's going to be cool in the morning, but warmer later during the day, around 65°F.

Chris: Eso está bien. Siempre que no esté ni muy caliente ni muy helado.

Chris: That's great, as long as it's not too hot or too cold.

Vegetables - A list of vegetables and ones that are in fact fruits and not vegetables

Verduras y vegetales

Sally: James, ¿quieres venir a ver el huerto de mi familia? Cultivamos muchas frutas y verduras. Y, dado que es julio, podríamos incluso recoger algunas verduras.

Sally: James, do you want to come see my family's garden? We grow so many fruits and vegetables! And, since it's July, we might even be able to pick some vegetables.

James: ¡Por supuesto! Siempre he querido tener un huerto. ¿Qué tipo de vegetales cultivan?

James: Sure! I've always wanted a garden. What kind of vegetables do you grow?

Sally: Nosotros cultivamos tomates, pimientos, maíz, calabazas, guisantes, zanahorias, y judías verdes. También cultivamos algunas frutas como fresas y sandías.

Sally: We grow tomatoes, peppers, corn, pumpkins, peas, carrots, and green beans. We grow some fruits, too, like strawberries and watermelons.

James: ¡Vaya! Debe de ser un jardín muy grande. ¿Qué tipo de pimientos cultivan?

James: Wow, it must be a big garden. What kind of peppers do you grow?

Sally: Cultivamos pimientos verdes, amarillos y rojos, y también jalapeños.

Sally: We grow green, yellow, and red bell peppers. Jalapenos, too.

James: ¡Delicioso! Apuesto que cosechas muchos tomates cada año. Una vez tuve una planta de tomates, y ¡coseché muchos tomates!

James: Yum. I bet you get a lot of tomatoes every year. I had a tomato plant once, and I had so many tomatoes!

Sally: Sí, obtenemos demasiados. En algunas ocasiones mi papá los vende en el mercado agrícola de la ciudad. Si aún tenemos tomates sobrantes, mi mama los enlata o los regala a algunos de los vecinos.

Sally: Yes, we get so many. Sometimes my dad sells them at the farmer's market in town. If we still have leftover tomatoes, my mom will can them or give some to the neighbors.

James: ¿Sabías que los tomates no son realmente una verdura?

James: Did you know that tomatoes actually aren't a vegetable?

Sally: ¿En serio? ¿No lo son?

Sally: Really? They're not?

James: ¡No! ¡Son una fruta!

James: No! They're a fruit!

Sally: ¡Guau! No tenía idea. ¡Los tomates no saben como una fruta! ¡No son lo suficientemente dulces!

Sally: Wow! I had no idea. They don't taste like a fruit! They're not sweet enough!

James: ¡Pero son una fruta! Así como las calabazas.

James: But they're a fruit! So are pumpkins.

Sally: ¡Vaya! Me pregunto qué otras verduras son realmente frutas.

Sally: Wow, I wonder what other vegetables are actually fruits.

James: No estoy seguro, pero ¡si estoy seguro de que son muchas! Algunas frutas son llamadas verduras meramente por su sabor. No son muy dulces, ¡por lo que simplemente las llamamos verduras!

James: I'm not sure, but I'm sure that there are a lot! Some fruits are just called vegetables because of the taste. They aren't very sweet, so we just call them vegetables!

Sally: ¡Como los tomates!

Sally: Like tomatoes!

james: Exactamente. ¡Ahora vamos a ver el huerto!

James: Exactly. Now let's go take a look at the garden!

Sally: Bien, ¡Vamos! Es por aquí. ¿Puedes ver los tallos de maíz desde aquí?

Sally: Okay, let's go! It's this way. Can you see the corn stalks from here?

James: ¡Oh sí! ¡Están ahí!

James: Oh, yes! There it is!

Wake up vs. Get up - The difference between Wake up and Get up in English
Despertarse vs. Levantarse - La diferencia entre Despertarse y Levantarse en inglés

Compañero de piso 1: ¿Podrías levantarte de ese sillón y venir a echarme una mano?

Flatmate 1: Could you please get up from that arm chair and come give me a hand?

Compañero de piso 2: Espera un minuto, aún no estoy completamente despierto, acabo de tomar una siesta.

Flatmate 2: Just a minute, I am not fully awake yet, I just took a nap.

Compañero de piso 1: ¿No dormiste lo suficiente anoche?

Flatmate 1: Didn't you sleep enough last night?

Compañero de piso 2: No, de hecho, no lo hice.

Flatmate 2: No, I didn't as a matter of fact.

Compañero de piso 1: ¡Pero te levantaste de la cama al mediodía!

Flatmate 1: But you got out of bed at midday!

Compañero de piso 2: ¡Sí, pero hay diferencia entre levantarse y despertarse!

Flatmate 2: Yes, but there is a difference between getting up and waking up!

Compañero de piso 1: ¿Cuándo te despertaste entonces?

Flatmate 1: When did you wake up then?

Compañero de piso 2: A las siete y no pude volver a dormir después de eso.

Flatmate 2: At seven and I couldn't go back to sleep after that.

Compañero de piso 1: Es extraño, siempre has dormido hasta tarde, ¿has olvidado apagar la alarma?

Flatmate 1: That's odd, you've always slept in, had you forgotten to turn off your alarm?

Compañero de piso 2: No, me he acostumbrado a levantarme tan temprano en los días de semana para mi nuevo trabajo que no puedo evitar despertarme temprano los fines de semana también, pero al menos no tengo que levantarme tan pronto como me despierto.

Flatmate 2: No, I've just gotten used to getting up so early on week days for my new job that I can't help waking up early on weekends too, but at least I don't have to get up as soon as I wake up.

Compañero de piso 1: ¡Y todavía puedes dormir la siesta!

Flatmate 1: And you are still able to nap!

Compañero de piso 2: Sí, aún no he perdido ese talento.

Flatmate 2: Yes, I haven't lost that talent yet.

Compañero de piso 1: Ahora deja de bostezar y ven a ayudarme con esto.

Flatmate 1: Now stop yawning and come help me with this.

Compañero de piso 2: Está bien, está bien, mira... Ya me estoy levantando.

Flatmate 2: All right, all right, see... I'm getting up now

Beauty Salons - Things you will find at beauty salons
Salones de belleza - Cosas que encontrarás en los salones de belleza

Recepcionista: Buenas tardes, bienvenidos al Salón de Belleza, ¿qué puedo hacer por ustedes?

Receptionist: Good afternoon, welcome to the Beauty Parlour, what can I do for you today?

Cliente: Buenas tardes, bueno, mi mejor amiga se casa el próximo mes y quería reservar diferentes tratamientos para ayudarla a prepararse para su gran día.

Customer: Good afternoon, well my best friend is getting married next month and I wanted to book different treatments to help her get ready for her big day.

Recepcionista: Eso es encantador, ¿eres una de sus damas de honor?

Receptionist: That's lovely, are you one of her bridesmaids?

Cliente: Sí, ¡lo soy!

Customer: Yes, I am!

Recepcionista: En este caso tenemos una oferta especial para la novia y sus damas de honor. Todas ustedes reciben un 30% de descuento en un día de spa que incluye un masaje, un tratamiento facial, una manicura y una pedicura. Todos los precios están listados aquí.

Receptionist: In this case we have this special wedding offer going for the bride and her bridesmaids. You all get 30% off a spa day which includes a massage, a facial, a manicure and a pedicure. The prices are all listed here.

Cliente: Eso suena bien, ¿también quería saber si podía reservar un estilista y un maquillador para la novia?

Customer: That sounds good, I also wanted to know if I could book a stylist and a make-up artist for the bride?

Recepcionista: Sí, por supuesto, sólo tengo que comprobar nuestra disponibilidad, ¿cuál es la fecha de la boda?

Receptionist: Yes of course, I just have to check our availability, what is the date of the wedding?

Cliente: El 25 de mayo.

Customer: May 25th.

Recepcionista: Sí, tenemos a nuestro estilista y maquillador disponibles esa mañana. ¿Quieres reservar el día de spa para el día anterior?

Receptionist: Yes, we have both our hairstylist and make-up artist available that morning. Do you want to book the spa day for the day before?

Cliente: ¡Sí, por favor! Me llamo Agnes Baker, B-A-K-E-R.

Customer: Yes please! The name is Agnes Baker, B-A-K-E-R.

Recepcionista: Muy bien, ¿usted sabe si ella tiene una idea de lo que quiere hacer?

Receptionist: All right, do you know if she has an idea of what she wants to have done?

Cliente: Creo que ella querría un maquillaje de aspecto más bien natural, pero para el peinado sé que todavía está dudando entre recogerse el pelo, llevarlo rizado o incluso en trenzas.

Customer: I think she would want rather natural looking make-up, but for the hairdo I know she is still hesitating between getting an up-do, having her hair curled, or even braided.

Recepcionista: En ese caso tal vez podrías mostrarle este folleto, muestra los diferentes peinados que podemos hacer. ¿Usted sabe si a ella también le gustaría cortarse el pelo o teñírselo antes de la boda?

Receptionist: In that case maybe you could show her this leaflet, it shows the different hairstyles we can do. Do you know if she might also like to have her hair cut or dyed before the wedding?

Cliente: Esto es muy útil, gracias, ¡lo veremos juntas! Y no, no lo creo.

Customer: That's helpful, thank you, we will look at that together! And no, I don't think so.

Recepcionista: De acuerdo, eso es todo por ahora, siempre puede llamarnos si tiene alguna pregunta o si desea cambiar la reserva.

Receptionist: Ok that's all for now then, you can always call if you have a question or want to change the booking!

Cliente: ¡Gracias, hasta luego!

Customer: Thank you, see you later!

Cooking Instructions in English and what they mean - The meanings of the verbs used when cooking. Instrucciones de cocina en inglés y lo que significan - El significado de los verbos que se usan al cocinar

A: Así que hagamos este almuerzo, ¡me está dando hambre!

A: So let's make this lunch, I'm getting hungry!

B: Soy un completo novato cuando se trata de cocinar, así que no estoy seguro de ser de mucha ayuda…

B: I am a complete novice when it comes to cooking so I am not sure I will be very helpful…

A: ¡Puedo enseñarte lo básico si quieres!

A: I can teach you some of the basics if you want!

B: Sí, sólo dime qué hacer y lo haré lo mejor que pueda.

B: Yes, just tell me what to do and I'll try my best.

A: Primero empieza pelando y picando esta cebolla, yo haré lo mismo con las zanahorias.

A: First, start by peeling and chopping this onion, I will do the same with the carrots.

B: Está bien, entonces voy a quitarle la piel, pero ¿qué significa picar?

B: Ok, so I will remove the skin but what does chopping mean?

A: Sólo significa cortar en trozos pequeños.

A: It just means cutting into small pieces.

B: Ya terminé, ¿qué debería hacer ahora?

B: I'm done, what should I do now?

A: Puedes poner una sartén mediana a fuego alto, y luego agregarle un par de cucharadas de aceite.

A: You can put a medium frying pan on the hob on high heat, then add a couple of tablespoons of oil to it.

B: ¿Crees que podemos poner los vegetales ahora?

B: Do you think we can put in the vegetables now?

A: ¿El aceite ha empezado a chispear?

A: Has the oil started sizzling?

B: Sí, parece que se ha calentado mucho.

B: Yes, it looks like it's gotten very hot.

A: Bien, ¡entonces revuelve los vegetales fritos cada cierto tiempo para que no se quemen! Oh, y el agua en la cacerola está hirviendo ahora, podemos añadir el arroz.

A: Ok then, just stir the frying vegetables regularly so they don't burn! Oh, and the water in the saucepan is boiling now, we can add the rice.

B: ¿Cómo se mide, lo pesas?

B: How do you measure it? Do you weigh it?

A: No, yo sólo lo mido a ojo, pero tú deberías ponerle una taza.

A: No, I just eyeball it, but you should put about a glassful in.

A: Creo que el arroz está listo, ¿puedes escurrirlo? Sólo vierte el agua sobre el colador. ¡Ten cuidado de no quemarte!

A: I think the rice is done, can you drain it? Just pour the water out over this sieve. Be careful not to burn yourself!

B: Ya está listo.

B: That's done.

A: Entonces podemos mezclar el arroz y saltearlo con los vegetales.

A: Then we can mix in the rice and sauté it with the vegetables.

B: ¿Podemos añadir jengibre?

B: Could we add ginger?

A: No se me habría ocurrido combinarlo con este plato, pero vamos a intentarlo, podemos rallarlo sobre la sartén.

A: I wouldn't have thought of combining it with this dish but let's try, we can grate it over the pan.

B: ¿Ya está listo?

B: Is it done now?

A: Casi, sólo tenemos que espolvorear unas pocas hierbas encima, ¡lavemos este cilantro fresco y cortémoslo en trozos!

A: Almost, we just need to sprinkle a few herbs on top, let's wash this fresh coriander and chop it up!

Dead - Death - Die - Died - The difference between these words Muerto - Muerte - Morir - Murió - La diferencia entre estas palabras

Amigo 1: ¡Hola Julia! ¿Cómo va todo?

Friend 1: Hello Julia! How is it going?

Amigo 2: Hola, bueno no tan bien…

Friend 2: Hi, well not so good…

Amigo 1: ¿Qué sucede?

Friend 1: What's going on?

Amigo 2: Llamo para cancelar nuestros planes para el próximo miércoles. Tengo que ir al funeral de mi primo Daniel, murió hace un par de días.

Friend 2: I'm calling to cancel our plans for next Wednesday. I have to go to my cousin Daniel's funeral, he died a couple of days ago.

Amigo 1: ¡Oh! Lamento mucho escuchar eso, pero, ¿no era muy joven? ¡Su muerte debe haber sido un golpe muy duro !

Friend 1: Oh! I'm so sorry to hear that, but wasn't he quite young? His death must have come as a shock!

Amigo 2: Sí, fue un golpe duro, sólo tenía 28 años.

Friend 2: Yes, it was quite a blow, he was only 28 years old.

Amigo 1: Siempre se siente injusto cuando la gente muere tan joven. ¿Cómo sucedió?

Friend 1: It always feels unfair when people die so young. How did it happen?

Amigo 2: Fue un accidente de coche, su coche fue arrollado por un camión, cuando llegó la ambulancia ya estaba muerto.

Friend 2: It was a car accident, his car got hit by a truck, and when the ambulance arrived he was already dead.

Amigo 1: Eso es terrible…

Friend 1: That is terrible…

Amigo 2: Sí, sus padres y hermanos no estaban preparados para que muriera tan repentinamente. No es como si hubiera estado a las puertas de la muerte durante meses, estaba bien justo un minuto antes de que sucediera.

Friend 2: Yes, his parents and siblings weren't prepared for him to die so suddenly. It is not as if he had been at death's door for months, he was just fine a minute before it happened.

Amigo 1: ¿Y tú estás bien?

Friend 1: And are you okay?

Amigo 2: Estoy bien, pero estoy algo triste. A pesar de que no estábamos tan unidos durante los últimos años, solíamos pasar mucho tiempo juntos cuando éramos niños. Es extraño cómo la muerte trae tantos recuerdos.

Friend 2: I am alright but I am quite sad. Even though we hadn't been that close for the past few years, we spent a lot of time together as children. It is strange how death brings up so many memories.

Amigo 1: Bueno, los funerales son una buena manera de honrar los recuerdos que compartiste con los muertos, pueden ayudarte a superar muchas penas, creo.

Friend 1: Well funerals are a good way of honouring the memories you shared with the dead, they can really help you grieve, I think.

Amigo 2: Probablemente tengas razón, es bueno poder hablar de ello también.

Friend 2: You are probably right, it's good to be able to talk about it too.

Amigo 1: Claro, ¡cuídate y llámame si necesitas algo! Y no te preocupes por el miércoles, podemos salir la próxima semana.

Friend 1: Sure, well, take care of yourself and call me if you need anything! Oh and no worries about Wednesday, we can do it the week after instead.

Amigo 2: Gracias, sí, hagámoslo, ¡adiós !

Friend 2: Thank you, yes let's do that, goodbye now!

Amigo 1: ¡Adiós!

Friend 1: Bye!

Earth Day - Celebrated to create awareness about the Earth's natural environment

Día de la Tierra - Celebrado para crear conciencia sobre el medio ambiente natural de la tierra

Compañero de trabajo 1: ¡Hola, parece que te falta el aliento!

Co-worker 1: Hello there, you seem out of breath!

Compañero de trabajo 2: ¡Buenos días! Sí, eso es porque hoy vine en bicicleta al trabajo.

Co-worker 2: Good morning! Yes, that's because I rode my bike to work today.

Compañero de trabajo 1:¿Le pasa algo malo a tu coche?

Co-worker 1: Is there something wrong with your car?

Compañero de trabajo 2: No, mi coche funciona bien, pero hoy es 22 de abril, lo que significa que es el Día de la Tierra.

Co-worker 2: No, my car works just fine, but it's 22nd April today, which means it's Earth Day.

Compañero de trabajo 1: No lo sabía, pero ¿no deberíamos intentarlo con más frecuencia que una vez al año para reducir nuestras emisiones de gases de efecto invernadero si realmente queremos frenar el calentamiento global?

Co-worker 1: I didn't know, but shouldn't we try more often than once a year to reduce our emissions of greenhouse gases if we really want to slow down global warming?

Compañero de trabajo 2: Bueno, la idea es hacer un esfuerzo todos los días, pero el Día de la Tierra es para aumentar la conciencia de la gente. Por ejemplo, después de oír hablar de ello en la televisión ayer, decidí que a partir de hoy debería intentar ir a trabajar en bicicleta en lugar de conducir la mayoría de los días.

Co-worker 2: Well, the idea is to make an effort every day but Earth Day is meant to raise peoples' awareness. For example, after hearing about it on TV yesterday I decided that from today I should try riding my bike to work instead of driving most days.

Compañero de trabajo 1: ¿Quizás también podríamos intentar compartir el coche el resto del tiempo?

Co-worker 1: Maybe you could also try carpooling the rest of the time?

Compañero de trabajo 2: Esa es una buena idea, preguntaré por ahí para ver si alguien está interesado. Además, hemos decidido empezar a hacer abono en casa para reducir nuestros residuos. ¿Qué hay de ti, cuáles son tus esfuerzos diarios por el planeta?

Co-worker 2: That's a good idea, I will ask around to see if anyone is interested. Also, we've decided to start composting at home to reduce our waste. What about you, what are you daily efforts for the planet?

Compañero de trabajo 1: Bueno, veamos, algunas cosas básicas supongo: Trato de evitar comprar cosas de plástico de un solo uso tanto como sea posible, siempre reciclo, y también me aseguro de no desperdiciar el agua y la electricidad. La idea es ver qué cambios sencillos se pueden hacer para vivir de manera más sostenible.

Co-worker 1: Well let's see, some rather basic things I suppose: I try to avoid buying single use plastic things as much as possible, I always recycle, and I also make sure not to waste water and electricity. The idea is to see what simple changes you can make to live more sustainably.

Compañero de trabajo 2: Así es, todo se reduce a la regla de "Reducir, Reutilizar, Reciclar" cuando piensas en ello.

Co-worker 2: That's right, it all comes down to the "Reduce, Re-use, Recycle" rule when you think about it.

Compañero de trabajo 1: Sí, y tenemos que pensar en ello también a nivel colectivo, como promover las energías renovables, reducir nuestro uso de combustibles fósiles, o prevenir la deforestación.

Co-worker 1: Yes, and we have to think of it on a collective level as well, like promoting renewable energies, reducing our use of fossil fuels, or preventing deforestation!

Feelings and Emotions - How do you feel today?
Sentimientos y Emociones - ¿Cómo te sientes hoy?

Consejera: Hola John, bienvenido, por favor siéntate.

Counselor: Hello John, welcome, please have a seat.

Paciente: Hola Elizabeth, gracias por recibirme.

Patient: Hello Elizabeth, thank you for seeing me.

Consejera: ¡De nada! Así que, dime, ¿cómo te sientes hoy?

Counselor: You're welcome! So, tell me, how are you feeling today?

Paciente: He estado inquieto durante los últimos días, pero me resulta difícil entender qué es lo que me pasa.

Patient: I have been uneasy for the past few days but I find it difficult to understand what is wrong with me.

Consejera: De acuerdo, ¿dirías que lo que has estado experimentando está más cerca de estar deprimido, estresado o quizás enojado?

Counselor: Ok, so would you say what you have been experiencing is closer to being depressed, stressed, or maybe angry?

Paciente: Creo que es estrés, pero también he notado que estoy más de mal humor de lo normal.

Patient: I think it's stress, but I have also noticed that I am moodier than usual.

Consejera: ¿Puedes pensar en algo en particular que te haga estar tan molesto? ¿Te preocupa algo en particular?

Counselor: Can you think of anything in particular that causes you to be this upset? Are you concerned about something in particular?

Paciente: Llego a casa exhausto del trabajo todos los días y me temo que está afectando mi vida privada. En lugar de estar alegre con mi familia, estoy muy retraído y preocupado.

Patient: I come home from work exhausted every day and I am afraid it is affecting my private life. Instead of being cheerful around my family, I am very withdrawn and worried.

Consejera: ¿Y cómo te sientes cuando estás en el trabajo?

Counselor: And how do you feel when you are at work?

Paciente: Siempre soy muy cauteloso con mi jefe y mis compañeros de trabajo, pero la mayoría de las veces me siento aburrido y a veces desanimado.

Patient: I am always very cautious around my boss and co-workers, but most often I feel bored and sometimes disheartened.

Conscjera: Parece que tu trabajo no es muy satisfactorio para ti, si te sientes atrapado, entonces, ¿tal vez deberías considerar cambiar la forma en que trabajas o incluso el trabajo que haces?

Counselor: It sounds like your job isn't very satisfying for you. If you are feeling trapped then maybe you should look into changing the way you work or even the job you do?

Paciente: Sí, me había estado concentrando en mis asuntos en casa, pero entonces empezaré a poner algo de atención en mi trabajo. Gracias por esta sesión, siempre me siento más tranquilo y menos agobiado después de charlar contigo

Patient: Yes, I had been focusing on my issues at home, but I will start putting some thought into my work then. Thank you for this session, I always feel calmer and less burdened after chatting with you.

Consejera: De nada, siéntete libre de programar una cita cuando sientes que la necesitas.

Counselor: You're welcome, feel free to make an appointment whenever you feel like you need it.

Football / Soccer - Vocabulary about the world's most popular sport
Fútbol

***Pedro: Hola, Pierre. ¿Viste el juego de anoche? ***

Pedro: Hello, Pedro. Did you see the game last night?

***Pierre: Lo hice. No puedo creer que no los borráramosdel mapa. Nunca sabré cómo se las arreglaron para empatar con nosotros. ***

Pierre: I did. I can't believe we didn't beat you out of sight. How you managed to draw with us, I will never know.

***Pedro: Creo que tuvimos un poco de suerte y el árbitro también nos ayudó un poco. ***

Pedro: I guess we were a bit lucky and the referee did help us a bit, too.

***Pierre: ¡Un poco! Fue terrible. Nunca había oído sonar tanto un silbato en noventa minutos. El primer gol nunca fue penalti. En primer lugar, nunca fue una falta y, en segundo lugar, el incidente se produjo fuera del área. ***

Pierre: A bit! He was awful. I have never heard a whistle blown so much in ninety minutes. Your first goal was never a penalty. First, it was never a foul and second, the incident happened well outside the penalty area.

***Pedro: Pero el juez de línea levantó su bandera para indicar una falta. ***

Pedro: But the linesman put his flag up to indicate a foul.

***Pierre: Sí, él también se equivocó. Además, el segundo gol fue en fuera de juego. Todo el mundo pudo verlo. ***

Pierre: Yeah – he was wrong as well. Also, your second goal was offside. Everyone could see it.

***Pedro: Te daré esa. Sin embargo, nuestro tercer gol fue una belleza. ***

Pedro: I will give you that one. Our third goal was a beauty though.

***Pierre: Fue un buen gol, pero un poco afortunado. Creo que tu jugador estaba tratando de pasar la pelota. Además, golpeamos el travesaño y los postes siete veces. ¿Qué mala suerte es esa? ***

Pierre: It was a good goal, but a bit lucky. I think your player was actually trying to cross the ball. Also, we hit the crossbar and posts seven times. How unlucky is that?

***Pedro: Es culpa de tu equipo por no haber aprovechado esas oportunidades. Además, nuestro portero jugó fantásticamente bien. ***

Pedro: It is your team's fault for not taking those chances. Also, our goalkeeper played fantastically well.

***Pierre: Creo que tus centrales también tuvieron un buen juego. ***

Pierre: I thought your center backs had a good game, too.

***Pedro: Aunque no me gustó la equipación de tu equipo. El amarillo brillante se ve horrible. ***

Pedro: I did not like your team's kit though. Bright yellow looks awful.

***Pierre: ¿Y viste las botas rosas de nuestro número siete? También se veían horribles. ***

Pierre: And did you see our number seven's pink soccer boots? They looked awful, too.

***Pedro: En fin, ¿vas a ver la repetición en la televisión? ***

Pedro: Anyway, are you going to watch the replay on TV?

***Pierre: Por supuesto. En realidad, mi familia está fuera de casa esta noche. ¿Quieres venir a ver el partido conmigo? Podemos tomar algo de beber. Será divertido. ***

Pierre: Of course. Actually, my family is out tonight. Do you want to come over and watch the game with me? We can have a few drinks. It would be fun.

***Pedro: Eso suena bien. ***

Pedro: That sounds good.

***Pierre: Ven alrededor de las 7:00. ***

Pierre: Come over around 7:00.

***Pedro: De acuerdo. ***

Pedro: OK.

***Pierre: Te veo entonces. ***

Pierre: See you then.

Halloween - Typical things associated with Halloween

Noche de *Halloween*

Billy: Oye Sally, ¿te gusta la noche de *Halloween*?

Billy: Hey Sally, do you like Halloween?

Sally: Yo amo Halloween. ¡Casi tanto como amo la Navidad!

Sally: I love Halloween. Almost as much as I love Christmas!

Billy: ¿Qué es lo que más te gusta de *Halloween*?

Billy: What is your favorite thing about Halloween?

Sally: Me gusta disfrazarme e ir pidiendo dulce o truco. ¿Vas a pedir dulce o truco?

Sally: I like getting dressed up in a costume and going trick-or-treating. Do you go trick-or-treating?

Billy: Si, yo iré pidiendo dulce o truco con mi hermano y mi hermana el sábado. ¿De qué te vas a disfrazar?

Billy: Yes, I am going trick-or-treating with my brother and sister on Saturday. What are you going to be for Halloween?

Sally: ¡Voy a ser una bruja! ¿Qué serás tú?

Sally: I am going to be a witch! What are you going to be?

Billy: ¡Yo seré una vampira! Mi hermano será un hombre lobo y mi hermana será una princesa. ¿Quieres ir pidiendo dulce o truco con nosotros?

Billy: I am going to be a vampire! My brother is going to be a werewolf and my sister is going to be a princess. Do you want to go trick-or-treating with us?

Sally: Por supuesto, ¡me encantaría!

Sally: Sure! I would love to!

Billy: Excelente, ¡nos van a dar muchos dulces! Tal vez puedes venir durante el día. Mis hermanos y yo haremos farolillos de calabaza para ponerlas en la entrada.

Billy: Great. We are going to get so much candy! Maybe you can come over during the daytime. My siblings and I make jack-o-lanterns to put on the porch.

Sally: Oh ¡eso suena divertido! Me encanta hacer farolillos de calabaza. Vas al huerto de calabazas por las calabazas?

Sally: Oh, that sounds like fun! I love carving jack-o-lanterns. Do you go to the pumpkin patch to get the pumpkins?

Billy: Mis padres nos llevan a recoger nuestras calabazas por la mañana. Luego las cortamos y miramos películas de miedo. ¡es tan divertido!

Billy: My parents take us in the morning to pick our pumpkins. Then we carve them and watch Halloween movies! It is so much fun.

Sally: Asombroso, eso suena increíble. ¿Cuentan historias de fantasmas?

Sally: Wow that sounds amazing. Do you ever tell ghost stories?

Billy: Oh, sí. Después de pedir dulce o truco, contamos historias de miedo en la oscuridad. Se vuelve muy tenebroso.

Billy: Oh, yes. After trick-or-treating, we tell ghost stories in the dark. It's so spooky.

Sally: ¿Piensas que puedo contar historias de fantasmas contigo?

Sally: Do you think I can tell ghost stories with you?

Billy: ¡Por supuesto! ¡Eso será muy divertido!

Billy: Yeah! That will be fun!

Sally: Bueno Billy, ¡te veré el sábado!

Sally: Okay Billy, I'll see you on Saturday!

Billy: ¡Excelente! ¡No olvides tu cub**o para los dulces!**

Billy: Great! Don't forget your candy bucket!

Sally: ¡No lo haré! ¡Te veo ahí!

Sally: I won't! See you there!

Health Problems - Common types of health problems
Problemas de Salud - Clases comunes de problemas de salud

***Angel: Hola April. ¿Estás bien? Pareces preocupada. ***

Angel: Hello April. Are you OK? You look worried.

***April: Hola Angel. Sí, estoy preocupada. Tengo una reunión con el jefe más tarde. Creo que me van a despedir. ***

April: Hello Angel. Yes, I am worried. I have a meeting with the boss later. I think I am going to get fired.

***Angel: ¿Por qué? Eres buena en tu trabajo. ***

Angel: Why? You're great at your job.

***April: Gracias por decir eso, pero tuve 63 días de baja el año pasado. ***

April: Thank you for saying that, but I had 63 days off work last year.

***Ángel: Vaya, eso fue mucho. ¿Fue todo a la vez? ***

Angel: Wow that was a lot. Was it all at one time?

***April: No, creo que ese es el problema. Primero, tuve gripe justo después de Navidad. ***

April: No, I think that is the problem. First, I had 'flu just after Christmas.

***Angel: Todo el mundo se resfría o se enferma de gripe en invierno. ***

Angel: Everyone gets a cold or 'flu in the winter.

***April: Lo sé, pero también tuve un problema con mi espalda y necesité dos semanas de baja en febrero. También me fracturé la muñeca jugando al netball y necesitaba tiempo de descanso. ***

April: I know, but I also had a problem with my back and needed two weeks off in February. I also fractured my wrist playing netball and needed time off.

***Angel: Suena como si tuvieras mala suerte. Tuve ocho días de baja el año pasado cuando me extirparon el apéndice. Estas cosas pasan. ***

Angel: It sounds as if you were just unlucky. I had eight days off last year when I had my appendix out. These things happen.

***April: Sí, pero también estuve una semana de baja con amigdalitis y unos días de baja con una infección ocular. Parece que me pasó de todo el año pasado. ***

April: Yes, but I also had a week off with tonsillitis and a few days off with an eye infection. It seemed that everything happened to me last year.

***Angel: Estoy seguro de que el jefe lo entenderá. Todo lo que tienes que hacer es explicarle todo como me lo has explicado a mí. ***

Angel: I am sure the boss will understand. All you need to do is explain everything the way you have explained it to me.

***April: Espero que tengas razón. ***

April: I hope you're right.

***Angel: Como dije, eres muy buena en tu trabajo. ***

Angel: As I said, you are really good at your job.

***April: El problema es que el mes que viene voy a estar fuera del trabajo otra vez. Necesito que me operen la espalda y podría estar de baja un mes. ***

April: The problem is I am going to be off work again next month. I need to have an operation on my back and I could be off for a month.

***Angel: Pero estas cosas pasan. ***

Angel: But these things happen.

***April: Lo sé, pero el jefe nunca está de baja. ***

April: I know, but the boss is never off.

***Angel: En realidad, estuvo de baja una semana el mes pasado. Creo que estaba en el hospital. ***

Angel: Actually, he was off for a week the other month. I think he was in hospital.

***April: Entonces espero que sea comprensivo. ***

April: Then I hope he will be understanding.

Hotels - Vocabulary associated with Hotels
Hoteles

***Recepcionista: Hola, Hotel Royal. ¿En qué puedo ayudarle? ***

Receptionist: Hello, Royal Hotel. How may I help you?

***Marek: Hola. ¿Puedo hacerle algunas preguntas sobre sus habitaciones? ***

Marek: Hello. May I ask you some questions about your rooms?

***Recepcionista: Por supuesto, señor. ***

Receptionist: Certainly, sir.

***Marek: ¿A qué hora pueden hacer check-in los huéspedes que llegan más temprano y qué tan tarde pueden hacer check-out? ***

Marek: What time is the earliest guests can check-in and what is the latest time guests can check-out?

***Recepcionista: El check-in es a las 2:00 p.m., pero a veces las habitaciones están listas un poco antes. El check-out es al mediodía. ***

Receptionist: Check-in is at 2:00 p.m., but sometimes the rooms are ready a little earlier. Check-out is noon.

***Marek: ¿Y todas las habitaciones tienen acceso wi-fi y facilidades para preparar té y café? ***

Marek: And does every room have wi-fi access and tea and coffee-making facilities?

***Recepcionista: Sí, señor. También tenemos televisión por cable, una caja fuerte para sus objetos de valor y una prensa de planchado para pantalones en cada habitación. ***

Receptionist: Yes, sir. We also have cable TV, a safe for your valuables, and a trouser press in every room.

***Marek: ¿Su hotel tiene servicio diario de lavandería? ***

Marek: Does your hotel have a daily laundry service?

***Recepcionista: Sí, señor. La ropa puede ser retirada dos veces al día. ***

Receptionist: Yes, sir. Clothes can be collected twice a day.

***Marek: Asistiré a una exposición en el centro de exposiciones. ¿Qué tan lejos están de allí ? ***

Marek: I will be attending an exhibition at the exhibition center. How far are you from that?

***Recepcionista: Estamos a unos dieciocho kilómetros del centro de exposiciones, pero tenemos un autobús que sale para el centro de la ciudad a las 8:00 a.m. y regresa a las 6:00 p.m. y el centro de exposiciones está a solo cinco minutos caminando desde el centro de la ciudad. ***

Receptionist: We are about eighteen kilometers from the exhibition center, but we have a shuttle bus that leaves for the center of town at 8:00 a.m. and returns at 6:00 p.m. It is only a five-minute walk from the city center to the exhibition center.

***Marek: Eso suena bien. Supongo que su hotel tiene restaurante y bar. ***

Marek: That sounds good. I guess your hotel has a restaurant and a bar.

***Recepcionista: De hecho, tenemos dos restaurantes y un bar. Uno es de estilo japonés, y el otro es de estilo occidental. ***

Receptionist: Actually, we have two restaurants and a bar. One is Japanese style, and the other is western style.

***Marek: ¿Y cuánto cuestan las habitaciones individuales? Necesito una habitación para tres noches del 5 al 8 de junio. ***

Marek: And how much do single rooms cost? I need a room for three nights from 5 – 8 June.

***Recepcionista: Una habitación individual costaría unos 150 USD por noche, con el desayuno incluido. Todavía tenemos algunas habitaciones individuales disponibles, pero no estoy segura de por cuanto tiempo más. ***

Receptionist: A single room would be US$150 per night, which includes breakfast. We do still have some single rooms available, but I am not sure for how much longer.

***Marek: De acuerdo. Por favor, déjeme pensarlo y le llamaré. Gracias por su ayuda. ***

Marek: Ok. Please let me think about it and I will get back to you. Thank you for your help.

***Recepcionista: No hay problema, señor. ¡Que tenga un buen día! ***

Receptionist: No problem, sir. Have a nice day!

Hotel Dialogues (v2) - Dialogues between the hotel reception and a guest. (v2)

En el hotel

Sam: ¡Hola! Bienvenido al Hotel Riverdell. ¿Como puedo ayudarle?

Sam: Hello! Welcome to the Riverdell Hotel. How can I help you today?

Jared: Hola, me gustaría registrarme por favor.

Jared: Hello, I'd like to check in, please.

Sam: Bien, ¿me puede dar el nombre de la reserva, por favor?

Sam: Alright, can I have the name on the reservation, please?

Jared: Está a nombre de Jared Smith.

Jared: It's under the name Jared Smith.

Sam: Esta bien, un momento por favor. Veamos... Jared Smith. Ah sí. ¿Se quedará por tres noches?

Sam: Okay, one moment please. Let's see here… Jared Smith. Ah, yes. You will be staying for three nights?

Jared: Eso es correcto

Jared: That's right.

Sam: Está bien, genial. Reservó una habitación doble, ¿correcto?

Sam: Okay, great. You booked a double room, correct?

Jared: Sí, eso es correcto.

Jared: Yes, that's right.

Sam: Pero veo aquí que es uno de nuestros clientes habituales. Como un agradecimiento por elegir nuestros hoteles, me gustaría darle una suite King. ¿Está bien para usted?

Sam: But I see here you are one of our loyal Riverdell customers. As a thank you for choosing our hotels, I'd like to upgrade you to a King suite. Is that okay with you?

Jared: Sí, eso está perfecto. Muchas gracias.

Jared: Yes, that's perfectly alright, thank you very much.

Sam: Genial. Se quedará en la habitación 501. Aquí está la llave de su habitación.

Sam: Great. You will be staying in room 501. Here is your room key.

Jared: Gracias

Jared: Thank you.

Sam: Y aquí están sus cupones de bebidas gratis. Los puede usar en el bar del hotel. También puede pedir comida en el bar. El bar esta justo en la esquina de aquí y abre al mediodía.

Sam: And here are your free drink coupons. You can use them at the hotel bar. You can also order food at the hotel bar. The bar is right around the corner here and opens at noon.

Jared: Excelente, gracias.

Jared: Wonderful, thank you.

Sam: Cada mañana servimos el desayuno justo detrás de esas puertas de 6 a.m. hasta las 10 a.m.. El gimnasio y la piscina están abiertos las 24 horas y los puede usar si quiere.

Sam: Every morning we serve breakfast just behind those doors there from 6 a.m. until 10 a.m. The gym and pool are both open 24 hours a day and you can use them if you'd like to.

Jared: Excelente, muchas gracias.

Jared: Excellent, thank you so much.

Sam: De nada. Si necesita algo, alguien está aquí en el mostrador las 24 horas del día.

Sam: You're welcome. If you need anything, someone is here at the counter 24 hours a day.

Jared: Excelente, ¿dónde queda el ascensor?

Jared: Great, where is the elevator?

Sam: Al final del pasillo a su derecha. ¡Disfrute **de su estancia!**

Sam: Down the hall here on your right. Enjoy your stay!

Kitchen - Things you will find in a kitchen.
Cosas que encontrarás en una cocina

Harry: Hey Sarah, las "ollas" que usamos para cocinar ayer todavía no están lavadas. ¿Por qué están así?

Harry: Hey Sarah, the "pots" we used for cooking yesterday still haven't been washed. Why is that?

Sarah: Lo siento, he estado ocupada con muchas cosas últimamente. He estado tratando de arreglar el "horno de microondas". Está defectuoso.

Sarah: I'm sorry, I've just been busy with a lot of things lately. I've been trying to fix the "microwave oven". It's faulty.

Harry: ¿En serio? ¿Qué lo estropeó? Esas son muy malas noticias. Supongo que utilizaremos la "Cocina a Gas" por ahora.

Harry: Really? What damaged it? That's really bad news. I guess we'll just make use of the "Gas Cooker" for now.

Sarah: Suena bien. No es que tengamos otras opciones. Definitivamente debería lavar las "ollas", las "cucharas" y los "cuchillos" ahora.

Sarah: Sounds like a good idea. It's not like we have other options. I should definitely wash the "pots", "spoons" and "knives" now.

Harry: Gracias. Puedo encargarme de la limpieza de la "Cocina de Gas". Hace meses que no la usamos.

Harry: Thank you. I can take care of cleaning the "Gas cooker". It's been months since we last used it.

Sarah: Los "Utensilios" ya están limpios y creo que ya es hora de cocinar.

Sarah: The "Utensils" are clean now and I think it's high time we cooked.

Harry: ¿Qué te apetece comer?. Podríamos hornear algo rápidamente con la "bandeja para hornear".

Harry: What do you have in mind that we eat? We could just quickly make something with the "baking tray".

Sarah: Mejor aún, podríamos freír algunos huevos usando la "sartén".

Sarah: Better still we could fry some eggs using the "frying pan".

Harry: Sí, me encantaría. Luego, podríamos hacer un sándwich de huevo con el pan y luego tostarlo usando nuestra"tostadora".

Harry: Yeah, I love that. Then, we could sandwich the egg with bread and then toast it using our "toaster".

Sarah: Gran idea. Déjame prepararlo todo: las "pinzas", las "cucharas" y la"batidora".

Sarah: Great idea. Let me get everything ready; the "tongs"," spoons", and the whisk".

Harry: Oh. Estás olvidando algo. Encárgate también de las "cucharas" y los "platos".

Harry: Oh. You are forgetting something. Get the "spoons" and "plates" ready too.

(Después de 15 minutos de freír los huevos y tostar el pan)

(After 15 minutes of frying eggs and toasting bread)

Sarah: Esta comida es deliciosa. Tomamos la decisión correcta. Pero creo que debería haber usado un "cuchillo" para comer en lugar de una "cuchara".

Sarah: This meal is delicious. We made the right choice. But I feel I should have used a "knife" to eat instead of a "spoon".

Harry: (Risas) Siempre has preferido usar los "cuchillos" para comer.

Harry: (Chuckles) You have always preferred using "knives" to eat.

Sarah: Déjame coger mi "abrelatas" para abrir estas gaseosas. ¡Me encanta la gaseosa!

Sarah: Let me get my "can opener" to open these sodas. Sodas are the best!

Office Equipment - Things you will find in an office.
Equipamiento de oficina - Cosas que encontrarás en una oficina

***Bettina: Hola Stanley. ¿Cómo te va con tu nuevo trabajo? ***

Bettina: Hello Stanley. How is the new job going?

***Stanley: Genial, gracias, Bettina. Sólo he estado allí tres semanas, ¡pero hasta ahora todo va bien! ***

Stanley: Great, thank you, Bettina. I have only been there three weeks, but so far so good!

***Bettina: ¿Cómo es por allí? ***

Bettina: What is it like there?

***Stanley: Todo el mundo es muy amable y tenemos todo lo que necesitamos en la oficina. Otros departamentos no tienen fotocopiadora en su oficina, así que tienen que caminar a otro piso. Sin embargo, nosotros notenemos ese problema. ***

Stanley: Everyone is really nice and we have everything we need in the office. Some other departments do not have a photocopier in their office, and so they have to walk to another floor. However, we don't.

***Bettina: Eso suena bien. ***

Bettina: That sounds good.

***Stanley: Sí. Mi ordenador está conectado a una impresora en blanco y negro o a una impresora en color. También hay un fax, pero aún no he visto a nadie usarlo. ***

Stanley: Yes. My computer is linked to either a black-and-white printer or a color printer. There is also a fax machine, but I have not seen anyone use it yet.

***Bettina: No estoy segura de que mucha gente envíe faxes hoy en día. ***

Bettina: I am not sure many people send faxes nowadays.

***Stanley: Para ser honesta, nunca he enviado un fax en mi vida. ***

Stanley: To be honest, I've never sent a fax in my life.

***Bettina: Entonces, ¿cuál es tu trabajo exactamente? ***

Bettina: So, what is your job exactly?

***Stanley: Por el momento, me ocupo de tareas rutinarias como contactar a nuevos clientes y responder preguntas básicas. También me encargo de que los gabinetes de todos los departamentos estén bien abastecidos. ***

Stanley: At the moment, I deal with routine tasks such as contacting new clients and answering basic questions. I am also in charge of making sure the store cupboards in every department are well supplied.

***Bettina: ¿Ese es un trabajo difícil? ***

Bettina: Is that a difficult job?

***Stanley: No del todo. ***

Stanley: Not at all.

***Bettina: Entonces, ¿qué necesitas hacer? ***

Bettina: So what do you need to do?

***Stanley: Todos los viernes tengo que revisar cada gabinete para asegurarme de que hay suficientes grapas, bolígrafos, rotuladores, borradores, notas adhesivas, botellas de corrector, y cosas así para la semana. ***

Stanley: Every Friday I need to check every store cupboard to make sure there are enough staples, pens, highlighters (/marker pens), erasers, post-it notes, bottles of correcting fluid, and things like that for the week.

***Bettina: ¿Tu compañía todavía usa bolígrafos, gomas de borrar y cosas así? ***

Bettina: Does your company still use pens, erasers, and things like that?

***Stanley: En realidad no, pero aún así tengo que revisar los gabinetes. ***

Stanley: Not really, but I still have to check the cupboards.

***Bettina: Suena como una pérdida de tiempo para mí. ***

Bettina: It sounds like a waste of time to me.

***Stanley: Para mí también, pero sólo soy. No voy a discutir con el jefe.**

Stanley: It does to me, too, but I am just the new girl. I am not going to argue with the boss.

Opinions - Expressing Opinions - Agreeing and Disagreeing.

De acuerdo y en desacuerdo

***Alison: Estaba pensando en hacer mi fiesta de cumpleaños el próximo fin de semana. ***

Alison: I was thinking about having my birthday party next weekend.

***Tina: ¡Eso sería genial! ¿Qué es lo que piensas hacer? ***

Tina: That would be great! What are you thinking of doing?

***Alison: Tal vez debería hacer una fiesta en mi patio trasero, con buena música, aperitivos … ***

Alison: Maybe I should have a party in my backyard, with good music, snacks…

***Tina: No estoy muy segura de eso. Dijeron que podría llover el sábado, así que podríamos mojarnos. ***

Tina: I'm not really sure about that. They said that it might rain on Saturday, so we might get wet.

***Alison: Tienes toda la razón, es demasiado arriesgado. ¿Qué tal si hacemos una fiesta en "Olive and Gin", es un pequeño restaurante genial, ¿verdad? ***

Alison: You're completely right, it's too risky! What about having a party in "Olive and Gin", that's a great little restaurant, right?

***Tina: ¡Esa es una gran idea! Creo que a la gente le va a gustar mucho. Pero deberías conseguir tus propias bebidas, allí son bastante caras. ***

Tina: That's a great idea! I think people will really like it there. But you should get your own drinks, they're pretty expensive.

***Alison: ¡Yo diría todo lo contrario! ¡La última vez que fui allí me pareció muy barato! Tal vez te estás confundiendo con otro. ***

Alison: I'd say the complete opposite! The last time I went there they were really cheap! Maybe you mixed it up.

***Tina: Cierto, lo confundí con "Pizza Lab". Así que, ¿a quién vas a invitar? ***

Tina: True, I mixed it up with "Pizza Lab". So, who are you going to invite?

***Alison: Estaba pensando en invitar a mis colegas del trabajo y tal vez a Mike y Sally…**

Alison: I was thinking of inviting my colleagues from work and maybe Mike and Sally…

***Tina: ¡De ninguna manera! ¿Recuerdas lo que pasó la última vez que estuvimos juntos? ***

Tina: No way! Do you remember what happened the last time we were together?

***Alison: ¡Tienes razón ! Entonces invitaré a las chicas y a mis amigos del trabajo, ¡creo que eso va a ser suficiente! ***

Alison: You have a point there! Then I'll just invite the girls and my works friends, I think that's going to be enough!

***Tina: ¡Justo iba a decir eso! ¡Va a ser una gran fiesta! ***

Tina: I was just going to say that! It's going to be a great party!

***Alison: ¡Realmente eso espero! Oh, acabo de recordar algo, ¡tengo que ir a comprarme un vestido nuevo! ***

Alison: I really hope so! Oh, I just remembered, I need to go and buy a new dress!

Personality Types - Different types of Personalities
Tipos de personalidad - Diferentes tipos de personalidad

A: Entonces, ¿cómo te fue en tu primer día de trabajo?

A: So, how was your first day at work?

B: Muy bien, diría yo, aunque me sentí un poco intimidado.

B: Very good I would say, although I felt a bit intimidated.

A: Eso es normal, ¿cómo te fue con tu jefa?

A: That's normal, how did it go with your boss?

B: ¡Ella fue muy amable! Parece muy inteligente y también es muy divertida, así que me trajo un poco de alivio cómico, pero creo que puede estar un poco confiada de más sobre el éxito de su compañía.

B: She was welcoming! She seems very clever and she is also quite funny so it brought me some comic relief, but I think she might be a bit overconfident about the success of her company.

A: Siempre eres pesimista sobre este tipo de cosas, ¿qué pasa con tus nuevos colegas?

A: You're always pessimistic about these sorts of things, how about your new colleagues?

B: Jane, la secretaria, es bastante fría, y tal vez un poco engreída, pero parece meticulosa y trabajadora. Harry, que trabajará en estrecha colaboración conmigo, es muy sociable y listo, pero puede que tenga tendencia a ser un poco perezoso.

B: Jane, the secretary is quite cold, and maybe a bit conceited but she seems meticulous and hard-working. Then Harry who will be working closely with me is very sociable and brainy, but he may have a tendency to be a bit lazy.

A: Ya veo, siempre es tedioso trabajar con esas personas que piensan que todo lo saben mejor que los demás. Probablemente la secretaria no es una idiota, así que tendrá que cooperar contigo. ¡Y tendrás que motivar al perezoso!

A: I see, these people who think they know it all better than everyone else are always tedious to work with. She is probably not an idiot though, so she will have to cooperate with you. And you will have to motivate the sluggish one!

B: Tienes razón, ¡y espero haber causado una buena impresión!

B: You're right, and I hope I've made a good impression!

A: Estoy seguro que sí, puede que no seas la persona más segura del mundo, pero tienes talento y eres muy cuidadoso en tu trabajo, ¡lo que seguro se notará a la larga!

A: I am sure you have. You might not be the most confident person in the world but you are gifted and also very thorough in your work which will show in the long run, for sure!

B: ¡Gracias por ser tan motivador! Tienes razón, tal vez debería ser más optimista.

B: Thank you for being so encouraging! You are right, maybe I should be more optimistic.

Universe & space Exploration
Exploración del universo y del espacio

A: ¿Qué querías ser cuando eras niño?

A: What did you want to be as a child?

B: De niño quería ser astronauta. Ahora trabajo diseñando cohetes y satélites.

B: Growing up I wanted to be an astronaut. Now I work on designing rockets and satellites instead.

A: Entonces, ¿siempre te ha interesado el espacio?

A: So, you've always been interested in space then?

B: Sí, la idea de explorar galaxias en una nave espacial siempre me ha fascinado.

B: Yes, the idea of exploring galaxies in a spacecraft has always fascinated me.

A: Es curioso, ¡tengo pasión por mirar las estrellas!

A: That's funny, I have a passion for stargazing myself!

B: ¿Tienes un telescopio?

B: Do you own a telescope?

A: Oh sí, lo uso casi siempre que el cielo está despejado. Incluso organicé una gran celebración por el último eclipse lunar.

A: Oh yes, I use it almost every time the sky is clear. I even hosted a big celebration for the last lunar eclipse.

B: Creo que no conozco las constelaciones y los planetas tan bien como lo hacía cuando era niño, veamos, ¿puedo seguir citando los planetas de nuestro sistema solar en orden, ... desde el más cercano al Sol al más alejado sería así: Mercurio, Venus, Tierra, Marte, Júpiter, Saturno, Urano, Neptuno y Plutón, ¿es correcto?

B: I don't think I know the constellations and planets as well as I used to as a child. Let's see, can I still quote the planets of our solar system in order ... so from closest to the sun: Mercury, Venus, Earth, Mars, Jupiter, Saturn, Uranus, Neptune, and Pluto, is that right?

A: Sí, absolutamente, algunas cosas nunca se olvidan... Pero, con tu trabajo, ¿debes saber un poco sobre la historia de la exploración espacial?

A: Yes, absolutely, some things you never forget uh? But with your work, you must know a bit about the history of space exploration?

B: Oh sí, el primer hombre en el espacio fue en 1961, el primer hombre en la luna fue en 1969, las diferentes sondas espaciales..., también soy un gran admirador del trabajo que están haciendo actualmente en la Estación Espacial Internacional.

B: Oh yes, first man in space 1961, first man on the moon 1969, the different space probes, also I am a big fan of the work that's currently being done around the International Space Station.

A: ¿Todavía te gustaría ir al espacio algún día?

A: Do you still want to go to space one day?

B: Definitivamente, si alguna vez tengo la oportunidad.

B: Definitely, if I ever get the opportunity.

A: ¡He oído que el turismo espacial pronto se convertirá en una realidad!

A: I heard that space tourism will soon become a reality!

B: Personalmente creo que todavía queda un largo camino por recorrer, ¡pero quizás debería empezar a ahorrar ahora mismo para unas vacaciones espaciales!

B: I personally think there is still a long way to go, but maybe I should start saving up right now for a space holiday!

Valentine's Day - Things to do, typical gifts and origins of this romantic day
Cosas que hacer, regalos típicos y origen de este día romántico

Paul: Querida, hoy es el "Día de San Valentín", un día para celebrar el "amor" según la orden de "San Valentín".

Paul: Darling, today is "Valentine's day", a day to celebrate "love" like the order of "Saint Valentine".

Helen: ¿En serio? Lo había olvidado por completo. Un gran día para "demostrar amor" y "compartir regalos".

Helen: Really? I had totally forgotten. Such a great day for "showing love" and "sharing gifts".

Paul: ¿Quién será mi "Valentín"? (sonríe)

Paul: Who will be my "Valentine"? (smirks)

Helen: (Risas) Te pegaría, Paul. Quién más podría ser si no tu "amada", a quien le darás muchas "flores".

Helen: (Laughs) I'd smack you Paul. Who else would it be if not your "sweetheart", who you will be giving lots of "flowers" to.

Paul: (Sonríe) Por supuesto, tengo grandes planes para esta noche. He organizado una "cena romántica" para los dos solos. Un día lejos de los problemas de los niños. ¡No hay nada mejor!

Paul: (Smiles) Of course, I have great plans for tonight. I have organized a "romantic dinner" for just the two of us. A day away from kids' troubles. There's nothing better!

Helen: Aww… Por eso te quiero tanto. Te traje "cajas de chocolate" también, tus favoritos.

Helen: Aww… That's why I love you so much. I got you "boxes of chocolate" too, your favorites.

Paul: ¡Oh, Dios mío! Gracias, cariño. Dios bendiga a "San Valentín" por este día.

Paul: Oh my God! Thank you, honey. God bless "Saint Valentine" for this day.

Helen: ¡Sí! Es un gran día con el "romance", el « afecto »" y los "regalos".

Helen: Yeah! It's such a great day with the "romance", "affection" and "gifts".

Paul: Sarah, amor, también te traje unas "postales" muy bonitas. Te van a encantar. Las conseguí en la mejor tienda que pude encontrar por la ciudad.

Paul: Sarah love, I got you some really nice "cards" too. You'll love them. I got them from the best store I could find in town.

Helen: (Se ruboriza) Muchas gracias Paul. Te mereces muchos "abrazos" y "besos" de mi parte ahora mismo. ¡Te lo has ganado!

Helen: (Blushes) Thanks so much Paul. You deserve lots of "hugs" and "kisses" from me right now. You've earned it!

(Paul de repente entra en la habitación y regresa)

(Paul suddenly goes inside the room and returns)

Paul: Aquí hay una "llave" que encontré en el suelo de la habitación. Realmente no sé de qué es o a quién pertenece, pero creo que es para un "coche" y te pertenece a ti (sonríe).

Paul: Here's a "key" I found on the floor in the room. I really don't know what it is or who it belongs to but I think it's for a "car" and it belongs to you (smiles).

Helen: ¡Wow! Ni siquiera sé qué decir ahora mismo. No puedo sentir mi cara. Te amo tanto, Paul "(lo besa)".

Helen: Wow! I don't even know what to say right now. I can't feel my face. I just really love you so much, Paul "(kisses him)".

Weather - Types of weather in English
Tipos de clima

Mark: ¡Oye Jill! ¿Has visto el pronóstico del **tiempo para esta semana?**

Mark: Hey Jill! Have you seen the weather for this week?

Jill: ¡No puedo creer que vaya a llover, nevar, y estar a 80 grados toda en una semana! ¡Escuché que incluso podría haber un tornado durante las tormentas eléctricas!

Jill: I can't believe it is going to rain, snow, and be 80 degrees all in one week! I heard there might even be a tornado during the thunderstorms!

Mark: ¡Lo sé! Está **de locos. Este verano ha sido muy raro. ¿Qué tipo de clima te gusta más?**

Mark: I know! It's crazy. This spring has been really weird. What weather do you like best?

Jill: Realmente me gusta la nieve, pienso que es muy linda. El invierno es mi estación favorita. Me gusta ir a esquiar con mis amigos. ¿Qué hay de ti?

Jill: I really like snow. I think it is so pretty. Winter is my favorite season. I like to go skiing with my friends. What about you?

Mark: Me gusta cuando el clima está calido y soleado. El verano es mi estación favorita. Si pudiera pasar todo el día en la playa, definitivamente lo haría.

Mark: I like when it's hot and sunny. Summer is my favorite season. If I could spend every day on the beach, I would.

Jill: ¿Qué hay de la lluvia? ¿Te gusta cuando llueve?

Jill: What about the rain? Do you like when it rains?

Mark: No, para nada. No me gusta tener que usar un paraguas y mi perro tiene miedo a los truenos. Durante una tormenta eléctrica, él nunca se separa de mí.

Mark: No, not at all. I don't like using an umbrella and my dog is afraid of thunder. During a thunderstorm, he never leaves my side.

Jill: ¡Vaya, pobrecito! Yo le tengo miedo a los tornados. Mi hermano vive en Oklahoma y ahí hay muchos tornados. Él dice que no son tan aterradores, ¡pero yo pienso que sí! ¿Viste los edificios del centro que fueron golpeados por un tornado el año pasado?

Jill: Wow, poor thing. I'm afraid of tornadoes. My brother lives in Oklahoma and there are many tornadoes there. He says they aren't that scary, but I think they are! Did you see the buildings downtown that were hit by a tornado last year?

Mark: Oh, sí. Eso estuvo mal. Espero que no haya un tornado esta semana. Nieve, lluvia y calor son suficientes para una semana.

Mark: Oh, yeah. That was bad. I hope there isn't a tornado this week. Snow, rain, and hot weather in one week is enough!

Jill: ¡Estoy de acuerdo! ¡Me gusta cuando hay vientos, pero no tan fuerte!
Jill: I agree! I like it when it's windy, but not that windy!

Mark: Ojalá la próxima semana sea linda y soleada con un poco de viento. Eso estaría genial.

Mark: Hopefully next week it's just nice and sunny with a breeze. That would be great.

Jill: ¡Eso espero! Bueno, parece que la lluvia va a empezar en cualquier minuto. Mejor me voy a casa. ¡Adiós!

Jill: I hope so! Well, it looks like the rain is going to start any minute now. I better get home. Goodbye!

Mark: ¡Te veo luego, Jill!

Mark: See you, Jill!

Baby Room - Things associated with babies and small children
Cosas asociadas con bebés y niños pequeños

Marc: Hola Sandra. Con sólo mirar esos «juguetes» de allí, los pensamientos de tener un bebé han empezado a pasar por mi mente.

Marc: Hey Sandra. Just staring at those "toys" over there, thoughts of having a baby have started to cross my mind.

Sandra: Urgh... No es algo que debamos considerar ahora. Tener un bebé conlleva muchas responsabilidades, como tener que lidiar con "pañales de bebé","chupetes", etc.

Sandra: Urgh... It's not something we should be considering now. Having a baby brings lots of responsibilities, with having to deal with "baby diapers", "pacifiers" and so on.

Marc: Es verdad. Es mucho estrés, pero me encantaría ver a un bebé jugando en casa con "ositos de peluche" y "globos".

Marc: That's true. It's a lot of stress but I'd really love to see a baby playing around the house with "teddy bears" and "balloons".

Sandra: (Risas). Pero eso también me encantaría. Puedo imaginarme cantando "canciones de cuna" al bebé para que se duerma. ¡Será tan dulce!

Sandra: (Chuckles). I'd love that too though. I can imagine singing "lullabies" to the baby to sleep. It will be so sweet!

Marc: Ahora que lo pienso, a nuestra "mascota", Talita, le encantaría tener un compañero para jugar con los "juguetes".

Marc: Come to think of it, our "pet", Talita, would really love to have a companion to play with the "toys" with.

Sandra: También seríamos clientes habituales en el "parque de atracciones" que está al final de la calle (risas). Sería agradable.

Sandra: We'd also be regular customers at the "amusement park" down the road (laughs). It would be nice.

Marc: Odias tanto los "dibujos animados". Al menos, tener un bebé me dará un compañero de películas cuando sea noche de cine. Podríamos seguir sin parar. Tener un bebé es una muy buena elección.

Marc: You hate "cartoons" so much. At least, having a baby will give me a movie buddy when its movie night. We could just keep going on as we are. Having a baby is a really good choice.

Sandra: De nuevo, siempre he querido aprender a andar en "bicicleta". El bebé y yo podríamos aprender juntos.

Sandra: Again, I've always wanted to learn to ride a "bicycle". The baby and I could learn it together.

Marc: (Risas) Eso sería genial. Pero primero tendremos que ir al centro comercial a comprar "ropa de bebé". Ese es siempre el primer paso, eso escuché.

Marc: (Chuckles) That would be awesome. But firstly, we will have to get to the mall to buy some "baby clothes". That's always the first step, I heard.

Sandra: Realmente estás empezando a convencerme de tener un bebé. Me encantaría ver a mi bebé lamer montones de "helado" y "chocolate".

Sandra: You're really beginning to convince me about having this baby. I'd love to watch my baby lick lots of "ice cream" and "chocolate".

Marc: Estoy feliz de haber podido convencerte. Permíteme ir a comprar algunos "caramelos" y "globos" en anticipación a nuestro bebé (sonrisas).

Marc: I'm happy I was able to convince you. Let me go and buy some "candy" and "balloons" in anticipation of our baby (smirks).

TV program or netflix show
Programa de TV o Netflix

Pierre: Hola Alana

Pierre: Hello Alana.

Alana: Hola, Pierre. Pareces feliz. ¿Qué has estado haciendo?

Alana: Hello, Pierre. You look happy. What have you been doing?

Pierre: Recién termine de ver el último episodio de *Juego de Tronos*. Estuvo genial, ¿la has visto?

Pierre: I have just watched the last episode of *Game of Thrones*. It was great. Have you seen it?

Alana: Para ser honesta, no he visto un solo episodio. Ni siquiera sé de qué se trata. Aunque creo que es un tipo de programa de fantasía.

Alana: To be honest, I haven't seen a single episode. I do not even know what it is about. I believe it is a kind of fantasy program though.

Pierre: Sí. Está basada en una serie de libros de fantasía escritos por George R.R Martin y se centra alrededor de dos familias poderosas.

Pierre: Yes. It is based on a series of fantasy books by George R. R. Martin and centers around two powerful families.

Alana: Está bien.

Alana: OK.

Pierre: Estas dos familias y todos sus seguidores batallan por el control de los siete reinos de Westeros. Hubo ocho series y en cada una de ellas se muestra como cada familia quería el control.

Pierre: These two families and all their supporters battle for control of the Seven Kingdoms of Westeros. There were eight series and all of them show how each family wanted control.

Alana: Supongo que hubo muchas peleas y personas siendo asesinadas.

Alana: I guess there was lots of fighting and people getting killed.

Pierre: Sí, pero todos pelean con espadas y otras armas medievales. Es mucho más asombroso que solo ver a las personas disparándose. Puedes sentir que las personas de verdad pelean a muerte.

Pierre: Yes, but everyone fights with swords and other medieval weapons. It is much more exciting than just seeing people shoot each other. You can really feel that people are fighting to the death.

Alana: Lo sé, pero aún prefiero un buen drama o comedia.

Alana: I know, but I still prefer a good drama or comedy.

Pierre: Me gustan los dramas y las comedias, pero también la fantasía.

Pierre: I like dramas and comedies, too, but I like fantasy as well.

Alana: Entonces, ¿qué pasa al final?

Alana: So, what happens in the end?

Pierre: Bueno, a Daenerys Targaryen la mata su novio y su sobrino. Y el trono de hierro lo destruye un dragon lanza fuego. Al final Bran Start es elegido como el líder de Westeros - aun cuando nadie creía que eso llegara a pasar.

Pierre: Well, Daenerys Targaryen is killed by her boyfriend and nephew. The Iron Throne gets destroyed by a breath of dragon fire. At the end Bran Start was elected the leader of the Westeros – even though nobody guessed that would happen.

Alana: Todos esos nombres no significan nada para mí. Aunque suena como si te gustara. Tal vez debería verla.

Alana: All of these names mean nothing to me. It sounds as if you liked it though. Maybe I should watch it.

Pierre: Tengo toda la serie en DVD por si quieres que te la preste.

Pierre: I have all of the series on DVD if you want to borrow them.

Alana: Está bien, trae la primera temporada la próxima semana y podemos verla juntos. Entonces puedo ver si me interesa.

Alana: OK. Bring the first season round next week and we can watch it together. Then I can see if it interests me.

Pierre: De acuerdo. Eso estaría genial.

Pierre: OK. That would be great.

In the bookstore
En la librería

Vendedor: Hola, bienvenido a Bookworm. ¿Puedo ayudarle a encontrar algún libro el día de hoy?

Sales Clerk: Hello, welcome to The Bookworm. Can I help you find some books today?

Julie: Oh sí, ¿Dónde podría encontrar los libros de Harry Potter?

Julie: Oh yes. Where can I find the *Harry Potter* books?

Vendedor: Los libros de Harry Potter están justo aquí en la sección de ciencia ficción para adultos jóvenes. Sígame, y le mostraré.

Sales Clerk: The *Harry Potter* books are right over here in the young adult fiction section. If you follow me, I will show you.

Julie: ¡Gracias!

Julie: Thank you!

Vendedor: De nada, ¿Está comprando para usted o para alguien más?

Sales Clerk: You're welcome. Are you buying for yourself or for someone else?

Julie: Este es un regalo para mi sobrina. A ella le gustan las películas y quiere leer los libros.

Julie: This is a gift for my niece. She likes the movies and wants to read the books.

Vendedor: ¡Qué maravilla! ¿Cuántos años tiene?

Sales Clerk: How wonderful! How old is she?

Julie:Ella tiene doce años. ¿Qué otros libros podrían ser buenos para que ella los lea?

Julie: She is twelve. What other books would be good for her to read?

Vendedor: Yo le recomiendo *Coraline*. Es el libro favorito de mi hija. Está justo aquí.

Sales Clerk: I recommend *Coraline.* It's my daughter's favorite book. It is right here.

Julie: Perfecto. Muchas gracias por su ayuda. ¿Dónde está la sección de ciencia ficción para adultos? Me gustaría comprar algo para mí.

Julie: Perfect. Thank you so much for your help. Where is your adult fiction section? I'd like to get something for myself.

Vendedor: ¡Están justo por aquí! ¿Hay algún libro (en particular) que usted quiera leer?

Sales Clerk: Right this way! Is there a book you want to read?

Julie: Sólo estoy echando un vistazo. Recién terminé de leer *Perdida.*

Julie: I'm just looking. I just finished reading *Gone Girl.*

Vendedor: ¡Ese es uno de mis libros favoritos! Si a usted le gusto ese libro, creo que debería leer *La Mujer del Camarote 10.*

Sales Clerk: That is one of my favorite books! If you liked that book, I think you should read *The Woman in Cabin 10.*

Julie: Gracias por la recomendación. Yo le haré saber si necesito ayuda para encontrar algo.

Julie: Thank you for the recommendation. I will let you know if I need help finding anything else.

Vendedor: Por supuesto, le ayudaré en la caja registradora cuando esté. ¿Le gustaría que tome el libro de *Harry Potter* y *Coraline* a la caja?

Sales Clerk: Of course, I can help you at the cash register when you are ready. Do you want me to take *Harry Potter* and *Coraline* to the register?

Julie: Sí, por favor. Gracias.

Julie: Yes, please. Thank you.

Vendedor (en la caja registradora): ¿Encontró todo bien?

Sales Clerk (*At the cash register*): Did you find everything okay?

Julie: Sí, lo hice. ¡Gracias por toda su ayuda!

Julie: Yes I did. Thanks for all your help!

Vendedor: ¡No hay problema! ¿Le gustaría donar un libro este día a una escuela local? El precio por donación es de $5 (cinco dólares).

Sales Clerk: No problem! Would you like to donate a book to a local school today? The price to donate is $5.

Julie: Sí, suena maravilloso.

Julie: Yes, that sounds wonderful.

Vendedor: Gracias por su donación. El total de su compra el día de hoy será de $40 (cuarenta dólares).

Sales Clerk: Thank you for your donation. Your total today will be $40.

Julie: De acuerdo, aquí está mi tarjeta.

Julie: Okay, here is my card.

Vendedor: Excelente. ¡Que tenga un hermoso día! ¡Espero que su sobrina ame sus nuevos libros!

Sales Clerk: Great. Have a wonderful day! I hope your niece loves her new books!

Julie: ¡Gracias! ¡Adiós!

Julie: Thank you! Goodbye!

In the library
En la biblioteca

Alex: Hola, estoy buscando algunos libros para un proyecto escolar. Estoy escribiendo un artículo sobre las especies en peligro de extinción. ¿Me puede ayudar?

Alex: Hi, I am looking for some books for a school project. I am writing a paper about endangered animals. Can you help me?

Bibliotecaria: Por supuesto. Déjeme mostrarle dónde están los libros sobre animales. Tenemos muchos libros.

Librarian: Of course. Let me show you where the books about animals are. We have a lot of books.

Alex: Excelente.

Alex: Great.

Bibliotecaria: Puede prestar los libros por tres semanas. ¿Cuentas con una tarjeta de biblioteca?

Librarian: You can check out books for three weeks. Do you have a library card?

Alex: No, no la tengo. ¿Podría **registrarme para una?**

Alex: No, I don't. Can I sign up for one?

Bibliotecaria: Por supuesto que puede. Traeré el documento y un bolígrafo. ¿traes tu identificación de la escuela contigo?

Librarian: Of course you can. I will get the paper and a pen. Do you have your school ID with you?

Alex: Sí, sí la tengo. ¿Necesito algo más?

Alex: Yes, I do. Do I need anything else?

Bibliotecaria: No, solamente su identificación de la escuela. Un momento, por favor.

Librarian: No, just your school ID. One moment, please.

Alex: Está bien, gracias.

Alex: Okay, thank you.

Bibliotecaria: De acuerdo, por favor llene este documento y yo le entregaré su tarjeta de biblioteca.

Librarian: Alright, please fill out this paper and I will get you your library card.

Alex: Gracias. ¿Cuándo abren la biblioteca?

Alex: Thank you. When is the library open?

Bibliotecaria: estamos abiertos de lunes a viernes de 8:00 a.m. (ocho de la mañana) hasta las 6:00 p.m. (seis de la tarde). El sábado, estamos abiertos desde las 10:00 a.m. (diez de la mañana) hasta las 4:00 p.m. (cuatro de la tarde). Los domingos cerramos.

Librarian: We are open Monday through Friday from 8:00 a.m. until 6:00 p.m. On Saturday, we are open from 10:00 a.m. to 4:00 p.m. On Sunday we are closed.

Alex: ¿Y cuá**ntos libros puedo sacar?**

Alex: And how many books can I check out?

Bibliotecaria: puede tomar prestados cuatro libros a la vez por tres semanas, y los puede cambiar cada uno de ellos tres veces. Además, contamos con ordenadores de uso público

Librarian: You can check out four books at one time for three weeks, and you can renew each of them three times. We also have computers that you can use.

Alex: ¡Vaya! Eso es genial. ¿Hay algún club de libros?

Alex: Wow, that's great. Are there any book clubs?

Bibliotecaria: Sí, tenemos tres diferentes tipos de club del libro. Ellos comienzan un nuevo libro cada mes. En caso de que quisiera unirse, puede inscribirse en la recepción.

Librarian: Yes, we have three different book clubs. They start a new book every month. If you would like to join, you can sign up at the front desk.

Alex: Gracias por toda su ayuda.

Alex: Thank you for all your help.

Bibliotecaria: Por supuesto, hágame saber si necesita ayuda con algo más.

Librarian: Of course, let me know if you need help with anything else.

Buying home appliances
Comprando electrodomésticos

***Victor: Hola, me encantaría comprar un refrigerador, ya que el anterior se estropeó anoche debido a una sobrecarga de energía. ***

Victor: Hi there, I would love to buy a refrigerator, as my last one got damaged last night due to a power surge.

***Clem: ¡Oh, Dios mío! Lo siento mucho por eso. He experimentado algo similar en el pasado. Es un lío. ***

Clem: Oh my God! I'm so sorry about that. I've experienced something similar in the past. It really sucks.

***Victor: ¿En serio? ¿Qué fue lo que se estropeó? ***

Victor: Really? What was it that got spoilt?

***Clem: Uhm... Adivina. ***

Clem: Uhm... Take a wild guess.

***Victor: De acuerdo. Aunque, no soy muy bueno adivinando, déjame probar suerte esta vez. No eches a perder esto, Víctor. Diré que fue tu televisión. ***

Victor: Okay. Though, I'm not very good at guessing, let me try my luck this time. Don't jinx this, Clem. I'll say it was your television.

***Clem: ¡Wow! Tienes toda la razón. Fue mi televisor LCD el que se dañó por la sobrecarga de energía. Y fue una faena porque no planeaba comprar un televisor nuevo en ese momento. ***

Clem: Wow! You are totally right. It was my LCD TV that got damaged by the power surge. It sucked because I wasn't planning on getting a new TV at the time.

***Victor: Lamento oír eso, pero espero que hayas conseguido uno nuevo ahora. ***

Victor: Sorry to hear about that but hope you've gotten a new one now.

***Clem: Y si dijera «No», ¿me comprarías uno? (diciéndolo en broma). ***

Clem: What if I say “No”, would you buy one for me (said jokingly).

***Victor: (Sonríe) Eso ya lo veremos. ***

Victor: (Smiles) We will see about that.

***Clem: En realidad, pude reunir algo de dinero para conseguir uno nuevo. Literalmente tuve que vaciar cada centavo de mi casa para adquirirlo. Gracias a Dios que pude conseguir uno nuevo. ***

Clem: Actually, I was able to gather some money to get a new one. I literally had to empty every single penny in my house to get it. Thank goodness I was able to get a new one.

***Victor: Me alegro mucho por ti. El tiempo se acaba, así que me gustaría comprar el refrigerador lo antes posible. He oído que los refrigeradores Nexus son los mejores. ***

Victor: I'm really happy for you. Time is running out, so I'd like to buy the refrigerator as soon as possible. I heard Nexus Refrigerators are the best.

***Clem: Bueno, personalmente, prefiero los refrigeradores Samsung, pero todo se trata de elecciones personales. ¿Traigo el Nexus para usted? ***

Clem: Well, personally, I prefer Samsung fridges but it's all about personal choices. Shall I get the Nexus for you?

***Victor: Sí, por favor. ***

Victor: Yes please.

***Clem: Estaré con usted en un minuto. ***

Clem: I'll be with you in a minute.

***(Victor paga y recibe un comprobante de pago) ***

(Victor pays and is issued a receipt for payment)

***Victor: Un placer hacer negocios con usted, señora. Que tenga un buen día ***

Victor: Nice doing business with you, ma'am. Have a nice day

***Clem: Espero verlo pronto. Hasta luego. ***

Clem: Look forward to seeing you soon. Bye.

Part time job interview
Entrevista para un trabajo a media jornada

***Entrevistador: Hola, Rachel, le gustaría pasar adelante.**

Interviewer: Hello, Rachel, would you like to come through.

***Rachel: Sí, por favor.**

Rachel: Yes, please.

***Entrevistador: Gracias por venir hoy, Rachel. ¿Te gustaría contarnos un poco sobre ti?**

Interviewer: Thank you for coming in today, Rachel. Would you like to tell us a bit about yourself?

***Rachel: Sí, soy una persona amigable que disfruta trabajando en el servicio de atención al cliente. Siempre me gusta cumplir con las necesidades de los clientes.Actualmente soy una estudiante universitaria buscando un trabajo de media jornada que no afecte mis estudios.**

Rachel: Yes, I am a friendly person who enjoys working in customer service. I always like to meet the needs of the customers. I am currently a university student looking for part-time work to fit around my studies.

***Entrevistador: Bien. Ahora veo en tu CV que trabajaste en un café antes, pero no en una tienda. ¿Qué te hizo querer aplicar para un trabajo en una tienda?**

Interviewer: Good. Now I see from your CV that you have worked in a café before, but not a shop. What made you want to apply to work in a shop?

***Rachel: Me gusta trabajar con personas. Sin embargo, estoy lista para un nuevo desafío ahora. Trabajar en una tienda me ayudaría a desarrollar las habilidades que obtuve al trabajar en el café.**

Rachel: I enjoy working with people. However, I am ready for a new challenge now. Working in a shop will help me to build on the skills I have got from working in the café.

***Entrevistador: De acuerdo, ¿Cuáles son tus fortalezas y debilidades?**

Interviewer: Okay, what are your strengths and weaknesses?

***Rachel: Mis fortalezas son que soy una persona muy confiable y una empleada muy trabajadora. Mi debilidad es que no me gusta cuando las personas no trabajan en equipo. Sin embargo, me gusta ayudar a estas personas en sus roles si lo necesitan.**

Rachel: My strengths are that I am a reliable and hardworking employee. My weakness is that I don't like it when people don't work as a team. However, I do like to help these people in their role if they need it.

***Entrevistador: ¿Qué harías si un cliente se queja?**

Interviewer: What would you do if a customer complained?

***Rachel: Escucharía su queja y trataría de arreglarla rápidamente.**

Rachel: I would listen to their complaint and try to fix it quickly.

***Entrevistador: Gracias por tus respuestas.** ¿Tienes alguna pregunta?

Interviewer: Thank you for your answers. Do you have any questions?

***Rachel: Sí, ¿qué es importante para ser exitoso en este empleo?**

Rachel: Yes, what is important to be successful in this job?

***Entrevistador: Es importante tener buenas habilidades comunicacionales. Buscamos personas con fuertes habilidades para escuchar, de forma que puedan ayudar a los clientes apropiadamente.** ¿Alguna otra pregunta?

Interviewer: Good communication skills are important. We look for people with strong listening skills so they can help the customers well. Any more questions?

***Rachel: Eso es todo por ahora.**

Rachel: That's it for now.

***Entrevistador: Gracias por tu tiempo. Escucharás de nosotros al final de la semana.**

Interviewer: Thank you for your time. You will hear from us by the end of the week.

***Rachel: Gracias. Hasta luego.**

Rachel: Thank you. Goodbye.

Finding directions
Encontrando direcciones

Tamara: Disculpe, señor. Creo que me perdí. ¿Podría decirme como llegar al cine por favor?

Tamara: Excuse me, Sir, I think I'm lost. Could you tell me the way to the cinema, please?

Sr. Blake: Si, por supuesto. ¿El cine de la calle Wesley o en el centro de la ciudad?

Mr. Blake: Yes, of course. The one on Wesley Street, or the one mid-town?

Tamara: El de la calle Wesley. ¿Está lejos de **aquí?**

Tamara: The one in Wesley Street. Is it far away from here?

Sr. Blake: PNo realmente. Pero necesitaría **tomar el autobús. Hay una parada de autobús justo cruzando la calle, a la par del supermercado. Tome el autobús y continúe por tres paradas de bus más y bájese en el Museo de Arte. El cine est**á **justo en la esquina.**

Mr. Blake: Well, not really. But you will need to take the bus. There is a bus stop just across the road, next to the supermarket. Go on for three stops and get off the bus at the Art Museum. The cinema is just around the corner.

Tamara: ¡Excelente! Muchas gracias por su ayuda.

Tamara: Great! Thank you very much for your help.

Sr. Blake: De hecho, también puede llegar al cine a pie, si no le importa caminar.

Mr. Blake: Actually, you can get there on foot as well, if you don't mind walking.

Tamara: Eso estaría bien, me gustaría dar un paseo.

Tamara: That would be nice, I would like to take a walk.

Sr. Blake: Bien. Entonces déjeme darle la dirección.

Mr. Blake: OK then, let me give you directions.

Tamara: Un momento por favor, déjeme escribirla.

Tamara: Just a moment, let me write it down.

Sr. Blake: Siga esta calle hasta llegar al segundo semáforo. Gire a la derecha y continúe por la avenida Green hasta que llegue a la oficina de correos.

Mr. Blake: Go along this street until you get to the second traffic light. Turn right and continue on Green Avenue, until you get to the Post Office.

Tamara: Bien, entonces giro a la derecha en el segundo semáforo, y voy directo a la oficina de correos ¿cierto?

Tamara: OK, so turn right at the second traffic light, and go straight on to the Post Office, right? Where should I go then?

Sr. Blake: Gire a la izquierda en la oficina de correos y verá el parque del Roble en la esquina. Cruze el parque y siga la indicaciones para el Museo de Arte. El cine está justo enfrente del museo.

Mr. Blake: Turn left at the Post Office, and you will see the Oak park at the corner. Go through the park and follow the sign to the Art Museum. The cinema is just opposite the museum.

Tamara: Gracias. ¿Cuánto tiempo toma llegar ahí?

Tamara: Thanks. How long does it take to get there?

Sr. Blake: Toma alrededor de media hora. ¿A qué hora empieza su película?

Mr. Blake: It takes about half an hour. When is your movie?

Tamara: Empieza a las nueve de la noche (9:00 pm)

Tamara: It's at 9:00 pm.

Sr. Blake: Excelente. Tendrá mucho tiempo para llegar ahí. Si se pierde, solamente pregúntele a alguien en el camino.

Mr. Blake: Great, you'll have plenty of time to get there. If you get lost, just ask someone along the way.

Tamara: Eso hará. ¡Gracias!

Tamara: I will do that, thank you!

Ask recommendation in a restaurant

Pidiendo recomendaciones en un restaurante

Jenny: Hola y bienvenidos al restaurante familiar de Molly. Mi nombre es Jenny y seré su camarera el día de hoy. ¿Qué les puedo traer de beb**er?**

Jenny: Hello and welcome to Molly's Family Diner. My name is Jenny and I will be your server today. What can I get you to drink?

Mark: Me gustaría una Coca Cola, por favor.

Mark: I'd like a coke, please.

Nicole: Y a mí me gustaría un café.

Nicole: And I'd like a coffee.

Jenny: ¡Genial! Estaré de vuelta con sus bebidas.

Jenny: Great! I will be right back with those.

Nicole: ¿Qué **vas a querer para comer, Mark?**

Nicole: What are you getting to eat, Mark?

Mark: No lo sé. ¡El menú es muy grande! ¡No me puedo decidir!

Mark: I don't know. The menu is so big! I can't decide!

Nicole: Yo tampoco. Creo que le pediré una recomendación a Jenny cuando ella vuelva.

Nicole: Nor me. I think I will ask Jenny for a recommendation when she comes back.

Jenny: Bien, aquí esta su Coca-Cola, y aquí está su café. ¿tienen alguna pregunta sobre el menú?

Jenny: Alright, here is your coke, and here is your coffee. Do you have any questions about the menu?

Nicole: Sí, ésta es mi primera vez comiendo aquí. ¿Qué me recomiendas?

Nicole: Yes, this is my first time eating here. What do you recommend?

Jenny: De aperitivo, yo le recomiendo los aros de cebolla. Son deliciosos. De plato principal, creo que debería probar el Panini de verduras a la parrilla con patatas fritas caseras. Es mi plato favorito del menú.

Jenny: For an appetizer, I recommend the onion rings. They are delicious. For a meal, I think you should try the grilled vegetable panini with homemade potato chips. It's my favorite thing on the menu!

Nicole: Suena muy bien. Creo que lo probaré. ¿Y tú, Mark?

Nicole: That sounds really good. I think I will try it. What about you, Mark?

Mark: ¿Qué sándwich de pollo me recomendarías?

Mark: Which chicken sandwich would you recommend?

Jenny: El club sándwich de pollo a la barbacoa es el más popular del menú.

Jenny: The bar-b-que chicken club is the most popular sandwich on the menu.

Mark: Probaré ese, ¡Gracias!

Mark: I will try that, thank you!

Jenny: ¡Buena elección! ¿Les gustaría probar los aros de cebolla también? Vienen con tres diferentes tipos de salsas como acompañamiento. Hacemos todo de forma casera.

Jenny: Great choice! Would you like to try the onion rings, too? They come with three different sauces for dipping. Everything is homemade.

Mark: Por supuesto, eso suena bien. ¿Te suena bien, Nicole?

Mark: Sure, that sounds good to me. Does that sound good to you, Nicole?

Nicole: De acuerdo. Pidamos los aros de cebolla.

Nicole: Sure! Let's get the onion rings.

Jenny: ¡Estupendo! Me llevare sus menús y les traeré su comida cuando esté lista.

Jenny: Awesome! I will take your menus and bring your food when it is ready.

Receiving a gift or offering a gift
Recibiendo un regalo

James: ¡Feliz cumpleaños, Greg!

James: Happy birthday, Greg!

Greg: ¡Muchas gracias James! No puedo creer que te acordaras.

Greg: Thank you so much James! I can't believe you remembered.

James: ¡Por supuesto que me acordé! Eres uno de mis mejores amigos.

James: Of course I remembered! You're one of my best friends.

Carrie: ¡Feliz cumpleaños, Greg!

Carrie: Happy birthday, Greg!

Greg: Genial, ¡Gracias Carrie!

Greg: Wow, thank you Carrie!

Carrie: Te tengo algo por tu cumpleaños.

Carrie: I got you a little something for your birthday.

Greg: ¿Para mí? No debiste hacerlo. Muchas gracias.

Greg: For me? You shouldn't have. Thank you so much.

Carrie: ¡Aquí! ¡Ábrelo!

Carrie: Here! Open it!

Greg: Esta bien, gracias. ¡Qué maravilla! ¡Mira estos calcetines! Son tan lindos. ¿Como supiste que amo las ballenas?

Greg: Okay, thank you. Wow! Look at these socks! They're so nice. How did you know I loved whales?

Carrie: James me lo dijo. ¡Fuimos de compras juntos por tus regalos de cumpleaños!

Carrie: James told me. We went shopping together to get you birthday gifts!

James: Sí, aquí. Este es de mi parte. Espero que te guste.

James: Yeah, here. This one is from me. I hope you like it.

Greg: Estoy seguro de que me encantará. Gracias

Greg: I'm sure I'll love it. Thank you.

James: Vamos. Ábrelo.

James: Go ahead. Open it up.

Greg: Está bien. Vamos a averiguar lo que es. ¡Solo mira eso! Ésta es en serio una taza muy linda. Y mira, ¡otro par de calcetines! Ustedes me conocen muy bien. Muchas gracias. Estos regalos están geniales.

Greg: Okay, let's see what this is. Would you look at that. This is such a nice mug. And look! Another pair of socks! You guys know me so well. Thank you so much. These gifts are really great.

James: Siempre, amigo. Ahora vamos a la oficina principal. Siento que ahí hay algunas sorpresas más esperando por ti.

James: Anytime, buddy. Now, let's go to the main office. I have a feeling there are some more surprises waiting there for you.

Greg: Oh genial. Muchachos, esto es demasiado.

Greg: Oh, wow. You guys are too much.

Carrie: Greg, ¡te llevaremos a cenar y por bebidas después del trabajo también! La oficina entera irá. Vamos a ir a CK's por comida mexicana. ¿Te apetece?

Carrie: Greg, we're going to take you out for dinner and drinks after work, too! The whole office is going. We're going to go over to CK's for Mexican food. Does that sound good?

Greg: Son todos muy amables. ¡Gracias por hacer mi cumpleaños tan especial!

Greg: You're all so kind. Thank you for making my birthday so special!

Carrie: Eres nuestro amigo, Greg. ¡Claro que vamos a hacer tu cumpleaños especial! Ahora vamos a ver qué te está esperando en la oficina.

Carrie: You're our friend, Greg. Of course we are going to make your birthday special! Now let's go see what's waiting for you in the office.

Greg: De acuerdo, vámonos. Luego, ¡voy a hacer algo de café en mi nueva taza!

Greg: Alright, let's go. Then, I'm going to make some coffee in my new mug!

Feeling ill/sick
Sentirse enfermo

Enfermera: Hola Andrew. No tienes buena cara. ¿Qué te trae por mi oficina hoy?

Nurse: Hello Andrew. You don't look so good. What brings you to my office today?

Andrew: No me estoy sintiendo bien. Siento que me estoy enfermando.

Andrew: I'm not feeling well. I think I am getting sick.

Enfermera: Oh, ¿Por qué no te estás sintiendo bien?

Nurse: Oh, why aren't you feeling well?

Andrew: Tengo dolor de cabeza y de estómago. Creo que también podría tener fiebre.

Andrew: I have a stomach ache and a headache. I think I might have a fever, too.

Enfermera: Hmm, sí, tu frente está caliente. Vamos a tomarte la temperatura para ver si tienes fiebre. Déjame traer el termómetro.

Nurse: Hmm, yes your forehead feels warm. Let's take your temperature and see if you have a fever. Let me get a thermometer.

Andrew: Está bien.

Andrew: Okay.

Enfermera: ¿Puedes poner esto debajo de la lengua? Genial. Vamos a ver...100 (cien) grados Fahrenheit. Estás un poco caliente. Déjame darte una aspirina. ¿Por qué no vienes y te acuestas?

Nurse: Can you stick this under your tongue? Great. Let's see here. 100 degrees fahrenheit. You're a little warm. Let me get you some aspirin. Why don't you come and lie down?

Andrew: Sí creo que me gustaría acostarme.

Andrew: Yeah, I think I'd like to lie down.

Enfermera: Ten esta aspirina. Voy a llamar a uno de tus padres. Creo que deberías ir a casa y tomarte un descanso. ¿Perderías algún examen hoy si te vas para casa?

Nurse: Here is some aspirin. I'm going to call one of your parents. I think you should go home and get some rest. Will you miss any tests if you go home from school today?

Andrew: No, hoy solo tengo clase de educación física, clase de cocina, y clases de estudio después del almuerzo.

Andrew: No, I only have PE class, cooking class, and study hall after lunch today.

Enfermera: De acuerdo. ¿Te gustaría que llame a tu mamá o a tu papá?

Nurse: Okay, would you like me to call your mom or your dad?

Andrew: ¿Puede llamar a mi mamá? Ella ya está en la casa después del trabajo. Debería poder venir a recogerme.

Andrew: Can you call my mom? She is home from work today. She should be able to come get me.

Enfermera: De acuerdo, estaré de vuelta en un instante.

Nurse: Alright, I will be right back.

Andrew: Está bien.

Andrew: Okay.

Enfermera: Andrew, tu mama está en camino. Debería estar aquí en veinte minutos. ¿Te gustaría ir a recoger tu tarea a tu casillero? Puedes regresar y acostarte.

Nurse: Andrew, your mom is on her way. She should be here in twenty minutes. Would you like to go to your locker and get your homework? You can come back and lie down.

Andrew: Si, volveré en un momento. Gracias por llamar a mi madre.

Andrew: Yeah, I'll be right back. Thank you for calling my mom.

Enfermera: Por supuesto, Andrew. Espero que te sientas mejor. Si aún estás enfermo mañana, deberías ir al médico.

Nurse: Of course, Andrew. I hope you feel better. If you are still sick tomorrow, you should go to the doctor.

Emotion
Emociones

Esposa: Pareces molesto, Pete

Wife: You look upset, Pete.

Esposo: ¿Molesto? Estoy absolutamente furioso

Husband: Upset? I am absolutely furious.

Esposa: ¿Por qué?

Wife: Why?

Esposo: Mira por la ventana y verás por qué. Alguien ha estacionado su auto en frente de nuestra salida de nuevo.

Husband: Look out of the window and you will see why. Someone has parked their car in front of our drive again.

Esposa: ¿Por qué es ese un problema? No vamos a salir hoy, ¿correcto?

Wife: Why is that a problem? We are not going out today, are we?

Esposo: Ese no es el punto. Es ese idiota de la calle. Está haciendo otra barbacoa.

Husband: That is not the point. It's that idiot over the road. He is having another barbecue.

Esposa: Creo que solo estas celoso porque él tiene una casa más grande que la nuestra, y él hace barbacoas en compañía de muchas mujeres jóvenes y atractivas.

Wife: I think you are just jealous because he has a bigger house than us, and he has barbecues with lots of young, attractive women attending.

Esposo: No es eso para nada. Simplemente me sorprende que la gente no tenga ni la decencia de venir y preguntar si pueden estacionarse en frente del garaje de otra persona. Los jóvenes hoy en día me ponen triste. No tienen modales.

Husband: That is not it at all. I am just surprised that people don't have the common decency to come and ask if they have to park in front of someone's drive. Young people these days make me sad. They have no manners.

Esposa: Suenas como un viejo ahora, Pete.

Wife: You are sounding old now, Pete.

Esposo: Por supuesto que envidio un poco a ese tipo al otro lado de la calle. Desearía que tuviéramos veinticinco años de nuevo. Pero ese no es el punto. Todos tenemos que convivir en esta calle, y me decepciona que él no respete eso para nada.

Husband: Of course I envy the guy across the road a little. I wish I were twenty-five again. That is not the point though. We all have to live on this road together, and I am disappointed that he doesn't respect that.

Esposa: Oye mira, alguien está cruzando la calle viniendo a nuestra casa. Tal vez es el dueño del automóvil que viene a disculparse.

Wife: Oh, look. Someone is walking across the road towards our house. Maybe it is the car owner coming to apologize.

Esposo: O tal vez solo esté regresando a su auto para sacar algo.

Husband: Or maybe he is just going back to his car to get something.

Esposa: Eres una persona realmente pesimista, Pete, mira, se está acercando a nuestro garaje.

Wife: You are a really pessimistic person, Pete. Look, he is walking up our drive.

Esposo: Está bien. Tú puedes ir y ver lo que quiere. Estoy muy indignado como para hablar con él.

Husband: OK. You go and see what he wants. I am too angry to speak to him.

Esposa: ¿Qué digo si nos invita a la barbacoa?

Wife: What do I say if he invites us to the barbecue?

Esposo: Aceptas, por supuesto. Nos dará la oportunidad para ver la casa por dentro.

Husband: You accept, of course. It will give us a chance to see inside the house.

Esposa: Está bien, ha sonado el timbre, veamos que quiere.

Wife: OK. He has rung the doorbell. Let's see what he wants.

Esposo: Espero que haya venido a disculparse.

Husband**:** I hope he has come to apologize.

Housework/ chores
Tareas del hogar

Emily: ¡Hola Hannah! ¿Quieres venir a mi casa el domingo?

Emily: Hi Hannah! Do you want to come over to my house on Sunday?

Hannah: Me encantaría Emily, pero el domingo no puedo.

Hannah: I would love to Emily, but I can't on Sunday.

Emily: Oh, ¿por qué no?

Emily: Oh, why not?

Hannah: Tengo que hacer las tareas de la casa el domingo.

Hannah: On Sunday, I have to do chores at home.

Emily: Oh. Yo hago mis tareas del hogar el sábado. ¿Cuáles son tus tareas de la casa?

Emily: Oh, I do my chores on Saturday. What are your chores?

Hannah: Primero, tengo que limpiar mi habitación. Guardo toda mi ropa, y luego tengo que aspirar el piso y el polvo de mis muebles.

Hannah: First, I have to clean my room. I put all my clothes away, and then I have to vacuum the floor and dust my furniture.

Emily: Yo también tengo que limpiar mi habitación. Y mi hermana y yo lavamos la ropa de toda la familia. La lavamos y doblamos.

Emily: I have to clean my room, too. And my sister and I do everyone's laundry. We wash it and fold it.

Hannah: Yo también, excepto que mi hermano lo hace el mismo. Yo lavo todas las ventanas de la casa cada dos semanas.

Hannah: Me too, except my brother does his own. Every other week, I wash all the windows in the house.

Emily: Yo tengo que desempolvar todos los muebles. ¿Tu hermano también hace tareas en la casa?

Emily: I have to dust all the furniture. Does your brother have chores, too?

Hannah: Mi hermano tiene que cortar el césped en verano. En invierno, palea la nieve. También tiene que limpiar el baño y pasear al perro.

Hannah: My brother has to cut the grass in the summer. In the winter, he shovels snow. He also has to clean the bathroom and walk the dog.

Emily: Mi hermana mayor limpia el baño, pero mi papá corta el césped. ¿Lavas los platos?

Emily: My older sister cleans the bathroom, but my dad cuts the grass. Do you wash the dishes?

Hannah: Si, yo lavo los platos los lunes y martes. Mi hermano los lava el miércoles y jueves. Mis padres los lavan los días siguientes.

Hannah: Yes, I wash the dishes on Monday and Tuesday. My brother washes them on Wednesday and Thursday. My parents wash them on the other days.

Emily: Yo y mi hermana también nos turnamos. ¿Piensas que podrías en limpiar tu habitación y hacer la colada en días diferentes?

Emily: My sister and I take turns, too. Do you think you could clean your room and do laundry a different day?

Hannah: Tal vez pueda preguntarle a mi mamá si puedo hacer esas tareas de la casa el sábado. Para que pueda ir a tu casa el domingo.

Hannah: Maybe I can ask my mom if I can do my chores on Saturday. Then, I can come to your house on Sunday.

Emily: ¡Espero que diga que sí!

Emily: I hope she says yes!

Drinks in a bar
Bebidas en el bar

Mesero: Hola chicas, ¿qué les puedo ofrecer?

Waiter: Hello ladies, what can I get for you?

Mary: Me apetece una cerveza. ¿Tiene algo ligero en el grifo?

Mary: I feel like having a beer. Do you have anything light on tap?

Mesero: Por supuesto, has venido al lugar indicado. El especial de esta noche es una excelente cerveza de barril. ¿Te gustaría probarla?

Waiter: Of course, you've come to the right place. Tonight's special is a great local draft beer. Would you like to try it?

Mary: Hmm…no estoy segura. Tal vez solo me tome una Stella.

Mary: Hmm... I'm not sure. Maybe I'll just have a Stella.

Mesero: Ningún problema. ¿Te gustaría tomarla del grifo o de botella?

Waiter: Not a problem. Would you like that on tap or in a bottle?

Mary: Graciastomaré una pinta.

Mary: I'll take a pint, thanks.

Mesero: ¡Genial! ¿Y para usted señorita?

Waiter: Great! And for you Miss?

Sheila: Realmente me gustaría una copa de vino. ¿Tienes algo especial?

Sheila: I would really like a glass of wine. Do you have anything special?

Mesero: ¿Le gustaría tomar el vino de la casa? Tenemos rojo, blanco y rosado.

Waiter: Would you like to try the house wine? We have red, white and rosé.

Sheila: Sí, por supuesto. Tomaré una copa de vino blanco.

Sheila: Yes, sure. I'll have a glass of white wine.

Mesera: Sus bebidas vienen en camino.

Waiter: Coming right up.

Sheila: ¿Podría también traerme un vaso con agua por favor?

Sheila: May I also have a glass of water, please?

Mesero: ¡Por supuesto! ....

En un par de minutos.........

Waiter: Of course!

.... in a couple of minutes....

Mesero: Aquí tienen señoritas. ¿Hay algo más que les pueda traer?

Waiter: Here you are ladies. Is there anything else I can get you?

Mary: Sí, nuestros amigos también vienen para aquí, y nos gustaría pedir algo para ellos. Me puede tener un chupito de whiskey y... ¿Tienen cervezas importadas?

Mary: Yes, our friends are coming as well, and I'd like to order for them. Can I have a shot of whiskey and ... Do you have any import beers?

Mesero: Sí, tenemos. ¿Desea ese whiskey con hielo?

Waiter: Yes, we do. Would you like that whiskey on the rocks?

Mary: Eso estaría perfecto. ¿Y podrías también empezar a tomar la cuenta?

Mary: That would be nice. And can you start a tab as well?

Mesero: Ningún problema. ¡Disfruten sus bebidas!

Waiter: Not a problem. Enjoy your drinks!

Sheila: ¡Gracias!

Sheila: Thanks!

At a pharmacy
En la farmacia

Farmacéutico: La siguiente persona en la cola por favor. ¿En qué puedo ayudarle?

Pharmacist: The next person in line, please. How can I help you?

Scott: Sí, hola. Tengo una prescripción que necesito llenar.

Scott: Yes, hello. I have a prescription I need filled.

Farmacéutico: De acuerdo, ¿me puede entregar la prescripción por favor?

Pharmacist: Okay, can I have the prescription, please?

Scott: Bien, aquí esta.

Scott: Okay, here it is.

Farmacéutico: De acuerdo, necesita un antibiótico. Déjeme traerlo. Por favor tome asiento mientras le preparamos su pedido.

Pharmacist: Alright, you need an antibiotic. Let me get that for you. Please take a seat while we get that ready.

Scott: Está bien, gracias.

Scott: Okay, thank you.

Farmacéutico: ¡Scott, su prescripción está lista!

Pharmacist: Scott, your prescription is ready!

Scott: Bien, gracias.

Scott: Alright, thank you.

Farmacéutico: De acuerdo. Necesitará tomar una píldora tres veces al día. Necesita tomarlas por diez días. No deje de tomarla aunque se empiece a sentir mejor, las tiene que terminar todas en diez días. Cuando tome una píldora, asegúrese de tomarlas después de comer

y beber algo, y tomarlas con un vaso completo de agua. Si no come y toma agua, se podría enfermar y vomitar. ¿Tiene alguna pregunta?

Pharmacist: Okay, you will need to take one pill, three times a day. You need to take them for ten days. Don't stop taking them just because you start to feel better. Finish all ten days. When you take the pill, make sure you take them with food and drink a full glass of water. If you don't eat and drink the water, you may get sick and throw up. Do you have any questions?

Scott: Sí, he estado teniendo migrañas últimamente. ¿Qué medicina me recomendaría?

Scott: Yes, I've been getting migraines lately. What medicine would you recommend?

Farmacéutico: Le recomiendo que tome Migraine Away extrafuerte. Puede encontrarla en el pasillo dos en el lado izquierdo. Estará en el estante de abajo en una caja verde.

Pharmacist: I recommend taking Migraine Away Extra Strength. You can find it in aisle two on the left-hand side. It'll be on the bottom shelf in a green box.

Scott: Pasillo dos, lado izquierdo, caja verde, lo tengo.

Scott: Aisle two, left-hand side, green box. Got it.

Farmacéutico: ¿Hay algo más en lo que le pueda ayudar?

Pharmacist: Is there anything else I can help you with?

Scott: No, gracias. Eso será todo.

Scott: No thank you. That'll be all.

Farmacéutico: De acuerdo. Vaya a buscar la medicina y luego le ayudo en la caja registradora.

Pharmacist: Okay. Go grab that medicine and then I will help you at the cash register.

Scott: Está bien, volveré enseguida... ¡Aquí tienes!

Scott: Okay, I will be right back… here you go!

Farmacéutico: **De acuerdo, Scott. Son $15.25**

Pharmacist: Alright, Scott. Your total today is $15.25.

Scott: ¡Aquí tienes!

Scott: Here you go!

Farmacéutico: Gracias. ¡Espero que se sienta mejor!

Pharmacist: Thank you. I hope you feel better soon!

At the hairdresser
En el salón de belleza

***Alice: ¡Hola Dora! Estoy aquí de nuevo. Necesito un nuevo peinado; mi cabello está muy mal. ***

Alice: Hi Dora! I'm here again. I need a new hairdo; my hair has gotten really bad.

***Dora: Nada es menos de lo que esperaba, considerando que ha pasado un mes desde la última vez que te arreglaste el cabello. ***

Dora: It's nothing less than I expected considering its been a month since you last had your hair looked at.

***Alice: No te preocupes. He estado muy ocupada últimamente con la escuela, el trabajo y esas lecciones de programación de las que te hablé alguna vez. ***

Alice: Don't mind me. I've been so busy lately with school, work and those programming lessons I once told you about.

***Dora: Oh, eso es verdad. Ahora lo recuerdo. Deben haber sido un par de semanas muy duras para ti. Espero que hayas dormido lo suficiente. ***

Dora: Oh, that's true. I remember now. It must have been a tough couple of weeks for you. I just really hope you've been getting enough sleep.

***Alice: Gracias por preocuparte. Hago todo lo que puedo. Anoche me fui a dormir alrededor de las 2 de la mañana y me desperté a las 6 de la mañana, lo que se considera una mejora con respecto a mi rutina anterior. ***

Alice: Thanks for the concern. I'm trying my utmost. Last night, I went to sleep around 2am and woke by 6am which is an improvement on my previous routine.

***Dora: ¿Me estás tomando el pelo? ¿Acabas de decir mejora? Realmente necesitas reducir tu ritmo de trabajo y tratar de dormir más temprano; de 11am a 7am no es una mala idea, ¿verdad? ***

Dora: Are you kidding me? Did you just say improvement? You really need to cut down on your work rate and try to sleep earlier; 11am to 7am is not a bad idea, is it?

***Alice: Es una gran idea. Gracias por preocuparte, Dora. Intentaré dormir más y comer más sano. ¿Pueden creer que como sólo una vez al día, porque me doy cuenta de que no hay tiempo suficiente para cocinar y comer? ***

Alice: It's a great idea. Thanks for caring, Dora. I'll try to get more sleep and even eat more healthily. Can you believe I eat just once a day, because I find there isn't even enough time to cook and eat?

***Dora: Tienes que estar bromeando. Dime que sólo estás bromeando. ¿Cómo puedes comer una vez al día de forma regular? ¿Qué eres, una rata? ***

Dora: You've got to be kidding me. Tell me you're just teasing. How can you be eating once a day on a regular basis? What are you, a rat?

***Alice: (Risas) Intentaré mejorar, Dora. Siempre se puede mejorar. Volviendo a nuestra discusión sobre el cabello, me gustaría hacerme una trenza normal. ***

Alice: (Chuckles) I'll do better, Dora. It can always get better. Back to our hair discussion, I'll like to get a regular braiding.

***Dora: No hay problema. La tendrás lista en unas horas. Siéntate y ponte cómoda. ***

Dora: No problem. You'll have that ready in a few hours. Take a seat and make yourself comfortable.

Order online
Pedido en línea

***Paul: Hola Coldstone Ice cream, me gustaría hacer un pedido. Mi antojo por un helado está en su punto más alto ahora mismo. Realmente necesito probarlo. ***

Paul: Hello Coldstone Ice cream, I'd like to place an order. My craving for ice cream is on a high right now. I really need to taste it.

***Sarah: Hola. Su antojo de helado es una buena noticia para nosotros, ya que significa más ventas. ***

Sarah: Hello there. Your craving for ice cream is good news for us as it means more sales.

***Paul: (Risas) Mira a quién tenemos aquí... Alguien cuyo sentido del humor coincide con el mío. Eso es excelente. ***

Paul: (Giggles) Look who we got here... Someone whose sense of humor matches mine. That's excellent.

***Sarah: (Sonríe) Gracias por el cumplido. Por lo tanto, vamos a tomar su pedido porque su estómago ya debe estar preocupado de que usted hable mucho. ***

Sarah: (Smiles) Thanks for the compliment. So, let's get to your order because your stomach must be worrying already that you talk a lot.

***Paul: Lo sé, ¿verdad? Me encanta hablar y hacer bromas. Me hace sentir mejor conmigo mismo. Entonces, sobre el helado... ***

Paul: I know right? I love talking and making jokes. It makes me feel better about myself. So, about the ice cream...

***Sarah: Correcto. Nuestro helado viene en diferentes sabores y paquetes, como usted ya sabe. Entonces, ¿cuál va a elegir? ***

Sarah: Right. Our ice cream comes in different flavors and packages, as you already know. So, which one are you going for?

***Paul: Ésta es una decisión difícil de tomar. ¡¡¡Adoro todos los helados Coldstone!!!! Esto se siente como pedirme que escoja quién es más hermosa entre dos gemelas idénticas. Te volverás loco tratando de elegir sólo una. ***

Paul: This is a tough decision to make. I love all Coldstone ice creams!!! This feels like asking me to pick out who is more beautiful between two identical twins. You'll go crazy trying to choose just one.

***Sarah: Jejejeje… Somos una de las mejores heladerías de la ciudad, así que lo tomaré como un cumplido de su parte. Le encanta hacer cumplidos, ¿verdad? ***

Sarah: Hehehe… We are one of the best ice cream shops around town, so I'll take that as another compliment from you. You love giving compliments, don't you?

***Paul: Tienes razón. Me encuentro repartiendo cumplidos el 80% de las veces que tengo conversaciones. ***

Paul: You're right. I catch myself handing out compliments 80% of the time when having conversations.

***Sarah: Creo que es muy agradable. ***

Sarah: I think it's pretty nice.

***Paul: Gracias. Por fin, un cumplido de tu parte. Espera, ¿ya te estoy influenciando? (sonríe). ***

Paul: Thank you. Finally, a compliment from you. Wait, am I influencing you already? (smiles).

***Sarah: Realmente es usted un hombre muy gracioso. ***

Sarah: You're really a funny man.

***Paul: (Risas) Sí.... Así que, deme solo el de sabor a vainilla. Con eso debería bastar. ***

Paul: (Chuckles) Yeah… So, just get me vanilla flavor. That should do.

***Sarah: El pedido llegará a su puerta en unos 15 minutos. ***

Sarah: Order coming right to your doorstep in about 15 minutes.

***Paul: Gracias.**

Paul: Thanks.

***Sarah: De nada. Gracias por su ayuda. ***

Sarah: You're welcome. Thanks for your business.

Rent a car
Rentar un vehículo

Agente: Buenos días, ¿en qué puedo servirles?

Agent: Good morning, how can I help you?

Cliente: Me gustaría alquilar un auto por dos días.

Customer: I would like to rent a car for two days.

Agente: ¿Tiene una reserva?

Agent: Do you have a booking?

Cliente: No, no la tengo.

Customer: No, I don't.

Agente: No hay problema. Déjeme ver si tenemos algo disponible. ¿Qué tamaño de auto le gustaría?

Agent: That's not a problem. Let me see if we have something available. What size car would you like?

Cliente: ¿Cuáles son mis opciones?

Customer: What are my options?

Agente: Puede elegir entre un coche grande, mediano, o un compacto.

Agent: You can choose between a full-size, mid-size or compact car.

Cliente: Bueno, tengo una hija de dos años conmigo. ¿Cuál me recomendaría?

Customer: Well, I have a two-year old daughter with me. Which one do you suggest?

Agente: Yo le sugiero un coche tamaño grande y también le podemos instalar un asiento infantil.

Agent: I would suggest a full-car then and we can also install a car seat for you.

Cliente: Eso está genial. ¿Cuánto cuesta?

Customer: That's great. How much is it?

Agente: Cuesta $56 dólares con millaje ilimitado. ¿Le gustaría también un seguro?

Agent: It's $56 a day with unlimited mileage. Would you like insurance as well?

Cliente: Por supuesto. ¿Cuánto cuesta eso?

Customer: Of course. How much does that cost?

Agente: ¿Alguien más conducirá el coche?

Agent: Will anyone else be driving the car?

Cliente: No, solo yo.

Customer: No, just me.

Agente: Si usted desea un seguro completo, serán siete dólares al día. Incluye daños por colisión y un seguro para accidentes personales.

Agent: If you would like full coverage insurance, it will be $7 a day. It includes a collision damage waiver and personal accident insurance.

Cliente: ¡Estupendo!

Customer: That's great!

Agente: Puede escoger uno de los modelos en el folleto. Solo voy a necesitar su licencia de conducir y tarjeta de crédito.

Agent: You can choose from one of the models from the brochure. I will just need your driving licence and your credit card.

Cliente: Aquí tiene. ¿Dónde puedo ir a recoger el auto?

Customer: Here you go. Where can I pick up the car?

Agente: Solamente firme aquí por favor. Puede recoger el automóvil abajo. ¡Que tenga un buen viaje!

Agent: Just sign here first, please. You can collect your car downstairs. Have a safe trip!

Cliente: ¡Muchas gracias!

Customer: Thank you very much!

Recipe
Receta

Dawn: Mamá, ¿puedes decirme cómo haces esas salchichas vegetarianas que comimos la semana pasada? Quiero hacer algunas mañana para Brian.

Dawn: Mum, can you tell me how you make those vegetarian sausages we had last week? I want to make some for Brian tomorrow.

Mama: Puedes encontrar una gran cantidad de recetas en internet.

Mum: You can find lots of recipes on the Internet.

Dawn: Lo sé, pero de la manera que las haces tú están riquísimas.

Dawn: I know, but the way you make them is awesome.

Mama: De acuerdo. Primero, mezcla ciento cincuenta gramos de restos de pan y queso cheddar. Luego, mézclalo con un puerro mediano que tienes que lavar y cortar un poco fino.

Mum: OK. First mix one hundred and fifty grams of both breadcrumbs and cheddar cheese. Then mix in one medium-sized leek you have washed and chopped quite finely.

Dawn: Me di cuenta de que también les pones un poco de romero y perejil.

Dawn: I noticed you put a little thyme and parsley in as well.

Mama: Sí lo hago. También un poco de sal y pimienta.

Mum: I do, as well as a little salt and pepper.

Dawn: Está bien, eso suena fácil.

Dawn: OK. That sounds easy.

Mama: Luego, rompe dos huevos en un recipiente aparte, agrega una cucharada de polvo de mostaza y tienes que batir la mezcla por un minuto aproximadamente.

Mum: Then break two eggs into a separate bowl, add a tablespoon of mustard powder, and whisk it for about a minute or so.

Dawn: Tal vez le agregue más mostaza porque me encanta su sabor.

Dawn: I might add more mustard as I love the taste of it.

Mama: Esa es tu decisión. De cualquier manera, luego agrega la mezcla del huevo a la mezcla seca - pero deja un poco de la mezcla del huevo para después. Cuando todo esté mezclado, agrega unos 20 mililitros de leche para que ayude a que todo se integre.

Mum: That's your choice. Anyway, then add the egg mixture into the dry mixture – but leave just a little of the egg mixture for later. When it is all mixed, add about 20 milliliters of milk to help everything bind together.

Dawn: ¿Importa el tipo de leche?

Dawn: Does it matter what kind of milk?

Mama: No realmente. Yo uso leche semi desnatada.

Mum: Not really. I use semi-skimmed milk.

Dawn: Está bien, también usaré esa.

Dawn: OK, that is what I will use as well.

Mama: Cuando todo se haya integrado, pon la mezcla en una bandeja y tienes que cubrirla con un poco de harina. Luego divide la mezcla en ocho y enrolla cada uno de ellos hasta formar una salchicha de alrededor de 15 centímetros.

Mum: Once everything has been combined, put the mixture onto a tray that you have put flour on. Then divide the mixture into eight and roll each one into a sausage about fifteen centimeters long.

Dawn: ¿Entonces estas indicaciones son para ocho salchichas?

Dawn: So these instructions are for eight sausages?

Mama: Sí, luego riega con la mezcla de los huevos restantes las salchichas y cúbrelas con harina.

Mum: Yes, then brush the sausages with the remaining egg mixture and cover them with flour.

Dawn: ¿Y luego las pongo en el horno?

Dawn: And then I put them in the oven?

Mama: No, ponlas abajo de la parrilla durante diez minutos, volteándolas ocasionalmente.

Mum: No. Put them under the grill for about ten minutes, turning occasionally.

Dawn: Suena fácil, gracias mamá.

Dawn: Sounds easy. Thanks Mum.

Mama: De nada

Mum: You're welcome.

Diet
Dieta

***Kevin: Hola Esther. ¿Cómo estás esta mañana? Te ves más delgada de lo habitual, ¿no has comido esta mañana? ***

Kevin: Hi Esther. How are you doing this morning? You seem slimmer than usual; didn't you eat this morning?

***Esther: Gracias a Dios que lo notaste. He estado notando alguna reducción en mi peso y no sé cuál es la causa. ***

Esther: Thank God you noticed. I have been noticing some reduction in my weight and I don't know what the cause is.

***Kevin: Tal vez no has estado comiendo bien. ¿Has desayunado esta mañana? ***

Kevin: Maybe you haven't been eating well. Did you have your breakfast this morning?

***Esther: Sí, claro que sí. Nunca olvido mi desayuno. Es algo de lo que soy muy consciente, sabiendo lo importante que es para la salud. ***

Esther: Yes sure, I did. I never miss my breakfast. It's something that I'm always conscious of, knowing how important it is to the health.

***Kevin: Eso es bueno. Es bueno no perderse nunca el desayuno, pero también es bueno comer una dieta equilibrada. Siempre es importante asegurarse de que nuestra comida sea balanceada. Entonces, ¿puedo preguntarte qué desayunaste? ***

Kevin: That's good. It's a good thing to never miss breakfast but it's another thing to eat a balanced diet. It's always important to make sure our meals are balanced. So, may I ask what you had for breakfast?

***Esther: Tienes razón. Para desayunar, comí galletas y salsa de salchichas. Estaba tan delicioso que incluso te traje un poco. ***

Esther: You're right. For breakfast, I had drop biscuits and sausage gravy. It was so delicious that I even brought some for you.

***Kevin: Aww... Eso es muy amable de tu parte, Esther, ¿pero sabes que podrías haber añadido más sabor a tu comida con un ingrediente extra, sólo para hacerla más equilibrada? ***

Kevin: Aww... That's so nice of you, Esther but do you know you could have spiced up your meal with an extra ingredient, just to make it balanced?

***Esther: ¿En serio? Pensé que tomar galletas y salchichas era lo suficientemente saludable. Me encanta esto, cuéntame más sobre esta cosa de la dieta equilibrada. ¿Cómo podría haber hecho mi desayuno más saludable? ***

Esther: Really? I thought having biscuits and sausage was healthy enough. I'm loving this, tell me more about this balanced diet of a thing. How could I have made my breakfast healthier?

***Kevin: (Risas) Es algo que mi abuela me enseñó antes de morir el año pasado. Agregar frutas o verduras a las comidas podría darle más sabor, haciéndolas más saludables. ***

Kevin: (Chuckles) It's something my Grandma taught me before she passed away last year. Adding fruits or vegetables to your meal could spice it up, making it healthier.

***Esther: Lamento lo de tu abuela, pero en serio, ¿sabías algo como esto todo el tiempo y nunca me lo mencionaste? Intentaré tomar frutas después del desayuno de mañana. Muchísimas gracias. ***

Esther: Sorry about your Grandma but seriously, you knew something like this the whole time and you never even mentioned to me? I'll try having some fruit after my breakfast tomorrow. Thanks a lot.

***Kevin: Ni lo menciones. ***

Kevin: Don't mention it.

***Ester: Hasta luego. ***

Esther: Bye.

Buying a train ticket
Comprando un billete de tren

***Vendedor de billetes: Hola, siguiente por favor.**

Ticket Seller: Hello, next please,

***Michael: Hola, me gustaría comprar un billete de tren a Londres, por favor.**

Michael: Hello, I would like to buy a train ticket to London, please.

***Vendedor de billetes: ¿Qué día quiere visitar Londres?**

Ticket Seller: What day do you want to visit London?

***Michael: Mañana temprano, por favor.**

Michael: Tomorrow morning, please.

***Vendedor de billetes: ¿Quiere viajar en horas pico o fuera de pico?**

Ticket Seller: Do you want to travel at peak or off-peak?

***Michael: ¿Cuál es la diferencia entre hora pico y fuera de pico?**

Michael: What is the difference between on-peak and off-peak?

***Vendedor de billetes: En hora pico son trenes que salen antes de las 9 am, así que van más ocupados, y los boletos son más costosos. Fuera de pico es en cualquier momento después de las 9 am cuando los trenes tienen menos personas, y es más económico.**

Ticket Seller: Peak time trains are before 9 am, so the trains are busier, and the tickets are more expensive. Off-peak is any time after 9 am when the trains have fewer people, and it is cheaper.

***Michael: Fuera de pico entonces, ¡por favor! Quiero montarme en el tren de las 11 am hacia Londres.**

Michael: Off-peak then, please! I want to get the 11 am train to London.

***Vendedor de billetes: ¿Sólo un boleto de ida o uno ida y vuelta?**

Ticket Seller: A one-way ticket or a return?

***Michael: Ida y vuelta por favor, regresaré más tarde en la noche.**

Michael: Return please, I will be coming back later in the evening.

***Vendedor de billetes: ¿Le gustaría comprar otros billetes hoy?**

Ticket Seller: Are there any other tickets that you would like to buy today?

***Michael: No, gracias. Eso es todo por hoy.**

Michael: No, thank you. That's it for today.

***Vendedor de billetes: De acuerdo, serían £12.50, por favor.**

Ticket Seller: Okay that will be £12.50, please.

***Michael: ¿Puedo pagar con tarjeta?**

Michael: Can I pay by card?

***Vendedor de billetes: Sí, por favor introduzca su tarjeta en la máquina.**

Ticket seller: Yes, please tap your card on the machine.

***Michael: Entendido, lo haré.**

Michael: Okay, I will do.

***Vendedor de billetes: Gracias, el pago ha sido exitoso. ¿Necesita una factura de sus billetes?**

Ticket seller: Thank you, the payment has gone through. Do you need a receipt for your tickets?

***Michael: No, gracias. No la necesito.**

Michael: No, thank you. I don't need one.

***Vendedor de billetes: Aquí están sus billetes. Disfrute de su día mañana en Londres.**

Ticket seller: Here are your tickets. Enjoy your day tomorrow in London.

***Michael: Lo haré. Gracias por su ayuda. Adiós.**

Michael: I will do. Thank you for your help today. Goodbye.

***Vendedor de billetes: Adiós.**

Ticket seller: You're welcome, goodbye.

Food restrictions in a restaurant / vegan restaurant
Restricciones alimentarias en un restaurante

***Simon: Hola Lisa, es bueno verte de nuevo.**

Simon: Hello Lisa, it is good to see you again.

***Lisa: Sí, lo mismo digo John, este restaurante es genial, pero, ¿sabes si preparan comida vegetariana?**

Lisa: Yes, you too John, this restaurant is very nice, but do you know if they do vegetarian food?

***Simon: Lo siento Lisa, ¡no lo sé! Le preguntaré al camarero.**

Simon: Sorry Lisa, I don't know! I will ask the waiter.

***Lisa: Gracias, Simon.**

Lisa: Thank you, Simon.

***Simon: Disculpe, ¿aquí sirven comida vegetariana?**

Simon: Excuse me, do you have vegetarian food here?

***Mesero: Sí, lo hacemos, todos nuestros platos vegetarianos tienen una "V" marcada al lado de ellos en el menú.**

Waiter: Yes, we do, all our vegetarian meals have a V marked next to them on the menu.

***Lisa: Gracias, eso es de gran ayuda.**

Lisa: Thank you, that is very helpful.

***Mesero: De nada, ¿les gustaría algo de pan antes de que ordenen su comida?**

Waiter: You're welcome, would you like some bread before you order your food?

***Lisa: Sí, eso sería encantador.**

Lisa: Yes, that would be lovely.

***Simon: No puedo comer gluten Lisa, sólo tú puedes comer el pan.**

Simon: I can't eat gluten Lisa, only you can eat the bread.

***Lisa: Eso no es justo, Simon, no tomaré el pan.**

Lisa: That is not fair, Simon, I won't have bread.

***Mesero: Señor, tenemos pan libre de gluten si lo desea.**

Waiter: Sir, we do have gluten-free bread if you would like.

***Simon: Sí, ¡por favor!**

Simon: Yes, please!

***Lisa: Muchas gracias. ¡Entonces, yo también quiero pan!**

Lisa: Thank you so much. I will also have the bread then!

***Simon: ¡No sabía que su restaurante tenía tantas opciones para personas con restricciones alimentarias!**

Simon: I did't know your restaurant had lots of options for people with food restrictions!

***Mesero: Sí señor, sabemos que muchas personas tienen restricciones alimentarias. Es por eso que hemos cambiado nuestro menú. Así que todos pueden disfrutar de la comida aquí y venir a nuestro restaurante.**

Waiter: Yes Sir, we know that lots of people have food restrictions. That is why we have changed our menu. So that everybody can enjoy the food here and come to our restaurant.

***Lisa: Eso es bueno saberlo. Estoy segura de que volveré a venir.**

Lisa: That is good to know. I am sure I will come back here.

***Simon: Yo también, tengo amigos que no pueden comer gluten. Les puedo decir que vengan a comer a este restaurante.**

Simon: Me too, I also have friends who can't eat gluten. I can tell them to come and eat at this restaurant.

***Mesero: Ellos serán muy bienvenidos, disfruten de su noche y de su comida.**

Waiter: They would be most welcome, enjoy your evening and your food.

***Simon y Lisa: Gracias.**

Simon and Lisa: Thank you.

Going to the airport
Camino al aeropuerto

Clara: ¡Taxi! ¡Taxi!

Clara: Taxi! Taxi!

Taxista: Buenos días señorita. ¿Cómo está usted hoy?

Taxi driver: Good morning, Miss. How are you today?

Clara: Estoy bien, gracias. ¿Cómo está usted?

Clara: I'm good, thank you. How are you?

Taxista: Me va bien. ¿A dónde se dirige esta mañana?

Taxi: I'm doing well. Where are you going this morning?

Clara: ¿Puede llevarme por favor al Aeropuerto Internacional de Filadelfia?

Clara: Can you take me to the Philadelphia International Airport, please?

Taxista: Por supuesto. Déjeme ayudarla con sus maletas. Las pondré en el maletero.

Taxi driver: Sure thing. Let me help you with your bags. I'll put them in the trunk.

Clara: Muchas gracias.

Clara: Thank you so much.

Taxista: ¿Se dirige a la terminal nacional o a la internacional?

Taxi driver: Are you going to the international or domestic terminal?

Clara: Puede dejarme en la terminal internacional, por favor.

Clara: Can you drop me off at the international terminal, please.

Taxista: No hay problema. ¿A dónde va?

Taxi driver: No problem. Where are you going?

Clara: Me voy a Europa por un mes.

Clara: I am going to Europe for a month.

Taxista: Guau, eso suena muy divertido. ¿Va por vacaciones o por trabajo?

Taxi driver: Wow, that sounds like fun. Are you going on vacation or to work?

Clara: Me voy de vacaciones.

Clara: I'm going on vacation!

Taxista: Guau, eso va a ser increíble. Siempre he querido ir a Europa. ¿Qué países visitará**?**

Taxi driver: Wow, that is going to be amazing. I've always wanted to go to Europe. What countries will you visit?

Clara: Iré a Inglaterra, Escocia, España, y Francia.

Clara: I am going to England, Scotland, Spain, and France.

Taxista: He escuchado cosas geniales de esos países. ¿Ya ha estado en Europa anteriormente?

Taxi driver: I've heard great things about those countries. Have you been to Europe before?

Clara: Sí. Una vez hace muchos años. Me siento muy emocionada por regresar.

Clara: Yes, once many years ago. I am excited to go back.

Taxista: ¿Qué tan largo es el viaje?

Taxi driver: How long is the flight?

Clara: Alrededor de siete horas.

Clara: About seven hours.

Taxista: No es un viaje muy largo. Casi llegamos al aeropuerto.

Taxi driver: That isn't too long. We are almost at the airport.

Clara: Perfecto, llegaré justo a tiempo para mi vuelo.

Clara: Perfect, I will be just in time for my flight.

Taxista: De acuerdo, aquí estamos. Serán$15.50 (quince dólares, cincuenta centavos)

Taxi driver: Alright, here we are. That'll be $15.50.

Clara: Bien, tenga.

Clara: Okay, here you go.

Taxista: Aquí tiene su cambio. Déjeme sacar sus maletas del maletero.

Taxi driver: Here is your change. Let me get your bags from the trunk.

Clara:¡Muchas gracias! ¡Adiós!

Clara: Thank you so much! Goodbye!

Taxista: ¡Adiós! Que tenga un buen vuelo.

Taxi driver: Goodbye! Have a safe flight.

First day at work
Primer día en el trabajo

Michel: Hola, Alissa. Soy Michael Hsu. Te mostraré cómo funcionan las cosas hoy. Espero hacer tu primer día en el trabajo agradable y útil.

Michael: Hello, Alissa. I'm Michael Hsu. I will be showing you around today. I hope to make your first day at work both enjoyable and useful.

Alissa: Gracias Michael. Es un placer conocerte. Debo admitir que estoy un poco nerviosa. Este es mi primer trabajo a tiempo completo.

Alissa: Thank you, Michael. It is a pleasure to meet you. I must admit, I am a bit nervous. This is my first full-time job.

Michael: Estoy seguro de que estarás bien. Entonces, este es tu escritorio. Tu ordenador ya está configurado así que lo único que tienes que hacer es crear tu contraseña. También puedes poner algunas fotografías alrededor de tu escritorio si quieres.

Michael: I am sure you will be fine. Right, this is your desk. Your computer is set up so all you have to do is create your password. You can also put some pictures up around your desk if you like.

Alissa: Tengo un par de fotografías de mi perro que podría poner.

Alissa: I have a couple of pictures of my dog I might put up.

Michael: Está bien, Roger está en el escritorio al lado de ti, pero tiene el día libre hoy. Lo conocerás mañana.

Michael: OK, Roger sits at the desk next to you, but he has a day off today. You will meet him tomorrow.

Alissa: Está bien.

Alissa: OK.

Michael: Y mi escritorio está aquí, así que puedes llamarme si necesitas algo.

Michael: And my desk is here, so you can give me a shout if you need anything.

Alissa: Trataré de no molestarte mucho.

Alissa: I will try not to bother you too much.

Michael: Tu supervisora será Marie. Su oficina está justo ahí. Si la necesitas solo toca y entra. Si está haciendo algo privado, pondrá un letrero en la puerta.

Michael: Your supervisor will be Marie. She has that office there. If you need her, just knock and enter. If she is doing anything private, she puts a sign on the door.

Alissa: Eso suena inteligente

Alissa: That sounds smart.

Michael: Tenemos una pequeña cafetería en el tercer piso.

Michael: We have a small cafeteria on the third floor.

Alissa: Sí, la vi cuando vine a mi entrevista final.

Alissa: Yes. I saw it when I came for my final interview.

Michael: También hay una máquina de agua y un microondas al lado de esa puerta blanca. ¿Puedes **verla?**

Michael: There is also a water machine and a microwave next to that white door. Can you see it?

Alissa: Sí, creo que voy a traer mi propio almuerzo.

Alissa: Yes. I might bring my own food in for lunch.

Michael: Algunos de nosotros lo hacemos, pero la comida de la cafetería también es buena.

Michael: A few of us do, but the cafeteria is good, also.

Alissa: La probaré.

Alissa: I will give it a try.

Michael: Creo que eso es básicamente todo en la oficina. Pronto conocerás a todos.

Michael: I think that is basically everything in this office. You will soon get to know everyone.

Alissa: Estoy segura de que lo haré.

Alissa: I am sure I will.

I don't speak English
No hablo inglés

Su-mei: Disculpe, ¿puede ayudarme por favor?

Su-mei: Excuse me, you can help me, please?

Peter: Eso espero. ¿Está perdida?

Peter: I hope so. Are you lost?

Su-mei: Lo siento, soy de China. Mi inglés no es bueno. Necesito encontrar una estación de policía.

Su-mei: Sorry. I am from China. My English not good. I need to find police station.

Peter: De acuerdo. Yo la puedo ayudar. Hay una estación de policía cerca de aquí. Sigue esta calle durante un kilómetro. Luego verá un banco.

Peter: OK. I can help you. There is a police station close to here. Follow this road for about one kilometer. Then you will see a bank.

Su-mei: Lo siento. No hablo bien inglés. ¿Qué es un *bank*?

Su-mei: Sorry. I do not speak English well. What is a bank?

Peter: Es un lugar donde las personas van a sacar dinero. ¿Entiendes el significado de *Money*? Es un edificio blanco y grande.

Peter: It is a place where people go to get money. You understand what money is? It is a big white building.

Su-mei: Entonces, me voy por este camino hacia un gran edificio blanco, ¿sí?

Su-mei: So, I go this way to a big white building – yes?

Peter: Sí. Le tomará cerca de diez minutos. Luego gire a la izquierda. [Peter le muestra a Su-mei quá calle tomar] hay una estación de policía ahí. Es fácil de encontrar.

Peter: Yes. It will take you about ten minutes. Then you turn left. [*Brenda shows Su-mei which way is left.*] There is a police station there. It is easy to find.

Su-mei: Pienso que está bien, pero mi inglés es muy malo.

Su-mei: I think it is good, but my English so poor.

Peter: ¿Por qué necesitas ir a la policía?

Peter: Why do you need the police?

Su-mei: No entiendo

Su-mei: I do not understand.

Peter: ¿Alguien te ha lastimado? ¿Te han robado?

Peter: Has someone hurt you? Have you been robbed?

Su-mei: ¿Que significa *robbed*?

Su-mei: What is robbed?

Peter: ¿Alguien ha tomado tu dinero o tu bolso? ¿Puedo ayudarte yo, en vez de la policía?

Peter: Has someone taken your money or your bag? Can I help you instead of the police?

Su-mei: Yo pierdo mi dinero. Yo pongo mi dinero en mi bolso. Me voy en taxi. Cuando salgo del taxi, olvido mi bolso. Ahora mi dinero y bolso se han ido.

Correct translation in Spanish (perdí mi dinero. Puse mi dinero en mi bolso y tomé un taxi. cuando salí del taxi olvidé mi bolso. Ahora mi dinero y mi bolso están perdidos)

Su-mei: I lose my money. I put my money in bag. I go in taxi. When I leave taxi, I forget my bag. Now my money and bag is gone.

Peter: Ay querida. Déjame acompañarte a la estación de policía. Tal vez puedo ayudarles a que puedan entender lo que ha pasado. Ven conmigo e iremos a la policía juntas

Peter: Oh dear. Let me go with you to the police station. Maybe I can help them understand what has happened. Come with me and we will see the police together.

Su-mei: Tú amable conmigo. Gracias.

Correct translation in Spanish (eres muy amable conmigo, Gracias)

Su-mei: You kind to me. Thank you.

Peter: Está bien. Solo espero que podamos encontrar el taxi en el que te subiste.

Peter: It is OK. I just hope we can find the taxi you took.

Being late
Llegar tarde

Tom: Hola Señor Williams, ¿Puedo entrar?

Tom: Hello Mr. Williams, may I come in?

Mr. Williams: Hola Tom. ¿de nuevo llegas tarde al trabajo, cierto?

Mr. Williams: Well hello, Tom. Late for work again, aren't you?

Tom: Lo siento mucho, había un tráfico terrible.

Tom: I am very sorry, there has been a terrible traffic jam.

Señor William: Ésta es la tercera vez que vienes tarde esta semana. ¿Qué está pasando?

Mr. Williams: This is the third time you're late this week. What's happening?

Tom: Lo siento mucho, de verdad. La última vez tenúía algunos problemas personales, y la vez anterior había perdido la noción del tiempo.

Tom: I'm terribly sorry., Last time I had some personal problems, and before that I lost track of time.

Mr. William: Llegar tarde una vez es algo que puedo aceptar, pero llegar tarde constantemente es algo que demuestra que eres irresponsable.

Mr. Williams: Being late once is something that I can accept, but being constantly late shows that you're irresponsible.

Tom: Mis disculpas. He lidiado con todo, y realmente no tengo otra excusa para venir tarde de nuevo. Yo quería llegar más temprano hoy a la oficina, pero quedé atrapado en ese terrible tráfico.

Tom: My apologies. I have dealt with everything, and I really don't have an excuse to come late again. I wanted to arrive earlier to the office today, but I got caught up in this terrible traffic jam.

Mr. Williams: Entiendo que a veces las cosas pasan, pero solo ten cuidado de no convertirlo en un hábito.

Mr. Williams: I realize that things can happen, but just be careful not to make a habit of it.

Tom: Puedo asegurarle que de ahora en adelante vendré a trabajar a tiempo.

Tom: I can assure you that from now on I will come to work on time.

Mr Williams: ¡Excelente! Simplemente asegúrate de estar aquí a tiempo de ahora en adelante. No voy a tolerar tu impuntualidad nunca más.

Mr. Williams: Great! Just make sure that you get here on time from now on, I'm not going to tolerate your tardiness any longer!

Tom: ¡Perfectamente claro!

Tom: **That's p**erfectly clear! It won't happen again.

Mr. Williams: Está bien, ahora que nos hemos entendido, ¿Podrías por favor acompañarnos a la reunión?

Mr. Williams**:** OK, now that we understand each other, would you please join us for the meeting?

Tom: Seguro, estaré justo aquí.

Tom: Sure, I'll sit right here.

Mr. Williams: Excelente. ¡Empecemos!

Mr. Williams: Excellent, let's start!

Lost baggage/luggage
Equipaje perdido

***Pasajero: Hola, creo que mi equipaje está perdido.**

Passenger: Hello, I think my luggage is lost.

***Personal del aeropuerto: ¿Por qué cree usted que está perdido?.**

Airport staff: Why do you think it is lost?

***Pasajero: Bueno, he estado esperando 45 minutos para que mi maleta salga por la cinta transportadora. Aún no ha salido, y la pantalla está diciendo que todas las maletas han sido entregadas.**

Passenger: Well, I have waited for 45 minutes for my bag to come on the conveyer belt. It still has not come, and the screen is saying that all the bags have now been delivered.

***Personal del aeropuerto: ¿Puedo preguntar desde dónde ha viajado hoy?**

Airport staff: Can I ask where you have flown from today?

***Pasajero: He venido de París.**

Passenger: I have come from Paris.

***Personal del aeropuerto: ¿Cuál era el número de vuelo?.**

Airport staff: What was the flight number.

***Pasajero: No estoy seguro de que pueda decirle el número de vuelo.**

Passenger: I am not sure how can I find out the flight number.

***Personal del aeropuerto: ¿Tiene su billete? Debería estar ahí.**

Airport staff: Do you have your ticket? It should be on there.

***Pasajero: ¡Sí, lo tengo! Mi número de vuelo es BA324**

Passenger: Yes, I do! My flight number is BA324

***Personal del aeropuerto: De acuerdo, permítame revisar mi ordenador.**

Airport staff: Okay, let me check my computer.

***Pasajero: Gracias.**

Passenger: Thank you.

***Personal del aeropuerto: Sí, dice que todas las maletas han salido, ¿tiene la pegatina que le dieron cuando registró su maleta en París?.**

Airport staff: Yes, it says that all bags have now come through, do you have the sticker they gave you when you checked in your bag in Paris.

***Pasajero: Sí, la tengo. Está al lado de mi pasaporte.**

Passenger: Yes, I do. It's next to my passport.

***Personal del aeropuerto: ¿Podría entregarme la pegatina? Entonces seré capaz de revisar dónde está su maleta.**

Airport staff: Can you please give me the sticker? Then I will be able to check where your bag is.

***Pasajero: Sí, puede revisarla.**

Passenger: Yes, you can check it.

***Personal del aeropuerto: De acuerdo, acabo de escanear su pegatina, mi ordenador dice que su maleta aún está en París.**

Airport staff: Okay, I have just scanned your sticker, my computer is saying that your bag is still in Paris.

***Pasajero: Oh no, ¿cómo puedo recuperar mi equipaje?**

Passenger: Oh no, how can I get my luggage back?

***Personal del aeropuerto: Puedo llamar al aeropuerto en París y decirles que pongan su maleta en el próximo vuelo ahora. Luego necesita tomar una tarjeta con un** número al que tiene que **llamar en 24 horas. Ellos le dirán cómo recoger su maleta.**

Airport staff: I can call the airport in Paris and tell them to put your bag on the next flight now. Then you need to take a card with a number to call in 24 hours. They will tell you how to pick up your bag.

***Pasajero: Gracias por su ayuda. Que tenga un buen día.**

Passenger: Thank you for your help. Have a good day.

***Personal del aeropuerto: Me alegro de poder ayudarle, hasta luego.**

Airport staff: I'm glad I could help you, goodbye.

Ordering food on the phone
Ordenando comida por teléfono

Asistente: Hola, restaurante italiano de Giovanni, ¿en qué puedo servirle?

Assistant: Hello, Giovanni's Italian Restaurant. How may I help you?

Cliente: Hola, soy Honza Bernat. Tenemos una reserva para las siete esta noche.

Caller: Hello, this is Honza Bernat speaking. We have a booking for seven this evening.

Asistente: Sí señor, para dos personas.

Assistant: Yes, sir – for two people.

Cliente: Lo siento, ¿puedo cancelar esa reserva? Me he lesionado el pie y no puedo conducir. Además, caminar me resulta difícil. Nos preguntábamos si podrían hacen entregas a domicilio.

Caller: I am sorry, can I cancel that booking? I have hurt my foot and can't drive. Also, walking is difficult. We were wondering if you do deliveries instead.

Asistente: Sí señor, tenemos servicio a domicilio. ¿Puedo preguntar dónde se encuentra?

Assistant: Yes, sir, we do have a delivery service. May I ask where you are?

Cliente: Vivimos en la calle Penny 66 - cerca de la iglesia.

Caller: We live at 66 Penny Lane – near the church.

Asistente: Está bien, no está muy lejos, en ese caso el envio será gratis. ¿Sabe lo que le gustaría **pedir?**

Assistant: OK. That is not too far. In that case, delivery will be free. Do you know what you would like?

Cliente: Sí. Para empezarnos gustaría un plato de sopa de tomate y otra de calabaza.

Caller: Yes. To start, we would like one tomato soup and one pumpkin soup.

Asistente: Un plato sopa de tomate, y un plato de sopa de calabaza. Llevaremos algo de pan para acompañar eso, señor.

Assistant: One tomato soup and one pumpkin soup. We will bring some bread to accompany that, sir.

Cliente: Excelente, ¿podría también enviarnos un plato de spaghetti carbonara y un plato de risotto de chorizo picante? No suena muy italiano, pero parece delicioso.

Caller: Great. Could we also have one spaghetti carbonara and one spicy chorizo risotto? It does not sound very Italian, but it sounds good.

Asistente: Un spaguetti carbonara y un risotto de chorizo picante. Sí, está en lo cierto, el chorizo es una salchicha española, pero es un plato bastante popular, ¿Cuán picante le gustaría?

Assistant: One spaghetti carbonara and one spicy chorizo risotto. Yes, you are right. Chorizo is a Spanish sausage, but it is quite a popular dish. How spicy would you like it?

Cliente: Muy picante por favor.

Caller: Very spicy, please.

Asistente: Está bien señor, le diré al cocinero que lo haga muy picante para usted. ¿Le gustaría **algo más?**

Assistant: OK, sir, I will tell the chef to make it very spicy for you. Would you like anything else?

Cliente: Solo un plato de tiramisú para mi esposa. No soy una persona de postres.

Caller: Just one tiramisu for my wife. I am not a dessert person.

Asistente: Tampoco yo, de acuerdo, eso hace un total de $25.5. ¿A qué horas le gustaría la entrega? - ¿7:00 pm?

Assistant: Nor me. OK, that totals $25.50. What time would you like delivery – 7:00 p.m.?

Asistente: Sí, por favor. Y pagaré en efectivo. Creo que eso lo hace más fácil.

Caller: Yes, please, and we will be paying in cash. I guess that makes it easier.

Asistente: Sí, de hecho, le llamaré cuando nuestro repartidor este a punto de salir. ¿Puede darme su número de contacto telefónico y confirmar si su dirección es 66 calle Penny?

Assistant: Yes, it does. I will call you when our delivery person is about to leave. Can I have a contact number and can I confirm your address is 66 Penny Lane?

Cliente: La dirección es correcta y mi número de teléfono es 0961 314 161

Caller: The address is correct and my phone number is 0961 314 161.

Asistente: 0961 314 161. De acuerdo señor, lo llamaré cerca de las 6:50 p.m. y espero que disfrute su comida.

Assistant: 0961 314 161. Ok, sir, I will call you about 6:50 p.m. and I hope you enjoy your meal.

Cliente: Gracias.

Caller: Thank you.

First date
Primera cita

***Praise: Hola Wini. Espero que tu día esté yendo muy bien. ***

Praise: Hi Wini. Hope your day is going very well?

***Winifred: Sí, Praise, no podría ser mejor. Entré en el equipo de debate y mejor aún, fui nombrado Estudiante del Mes. ¡De hecho, es el mejor día que he tenido! ***

Winifred: Yes Praise, it couldn't be better. I got into the debate team and better still, I was named Student of the Month. In fact, it's the best day I've ever had!

***Praise: Wow. Estoy tan feliz por ti. Realmente te lo mereces. Has clavado las audiciones para el equipo de debate esta temporada. ***

Praise: Wow. I'm so happy for you. You really deserve it. You have been outstanding in the auditions for the debate team this term.

***Winifred: Gracias por el cumplido. ¿Necesitas algo? ***

Winifred: Thanks for the compliment. Do you need anything?

***Praise: Uhm… Como que es muy difícil para mí decirlo. Estoy tratando de pronunciar esas palabras, pero no van a salir de mi boca. ***

Praise: Uhm… Like, its really difficult for me to say it. I'm trying to utter those words, but they are not just going to come out of my mouth.

***Winifred: Esto está empezando a asustarme. ¿Qué pasa? ***

Winifred: This is starting to scare me. What's up?

***Praise:Está bien, Wini. Me gustas mucho y me gustaría que saliéramos alguna vez (lo dice nerviosamente). ***

Praise: Okay, Wini. I really like you and I'd like us to hang out sometime (says it nervously).

***Winifred: (Risitas) ¿Es eso lo que has estado guardando dentro de ti todo este tiempo? Es algo que podrías haber dicho tan fácilmente. No es gran cosa. ***

Winifred: (Giggles) Is that what you've been bottling up inside you this whole time? It's something you could have said so easily. It's no big deal.

***Praise: No es gran cosa, ¿en serio? Significaría mucho para mí si saliéramos juntos, sería mi primera cita. ***

Praise: It's not a big deal, really? It would mean the world to me if we went out on that date together as it would be my first date.

***Winifred: Eres un tipo genial y tú también me gustas mucho. Así que, no veo por qué no debería estar feliz de pasar el rato contigo. Sorprendentemente, ésta también será mi primera cita. ***

Winifred: You're a cool guy and I really like you too. So, I don't see why I shouldn't be happy to hang out with you. Surprisingly, this will also be my first date.

***Praise:(Risas) Dos personas sin experiencia saliendo en su primera cita, ¡eso sería épico! ***

Praise: (Laughs) Two inexperienced people going out on their first date, that would be epic!

***Winifred: (Sonríe) Estoy de acuerdo contigo. ***

Winifred: (Smiles) I agree with you.

***Praise: Así que, ¿cuándo nos vamos? Hagámoslo el viernes ya que ambos estaremos libres para entonces. ***

Praise: So, when shall we go? Let's make it on Friday since we'll both be free by then.

***Winifred: Vale, el viernes está bien para mí. Nos vemos entonces. Chao. ***

Winifred: Okay, Friday is fine by me. See you then. Bye.

Asking for your size in a shop (clothes/shoes...)

Preguntando por tu talla en una tienda

***Asistente de tienda: Hola, ¿puedo ayudarle?**

Shop Assistant: Hello, can I help you?

***Cliente: Sí, me gusta este vestido, pero no puedo encontrar mi talla.**

Customer: Yes, I like this jacket, but I can't find my size.

***Asistente de tienda: ¿Qué talla le gustaría, señora?**

Shop Assistant: What size would you like madam?

***Cliente: La talla 10.**

Customer: I would like a size 10

***Asistente de tienda: Por favor espere un momento. Revisaré si tenemos uno en el almacén.**

Shop Assistant: Please wait a moment. I will check if we have one in stock in the back of the shop.

***Cliente: Muchas gracias.**

Customer: Thank you so much for checking.

***Asistente de tienda: Acabo de revisar, no tenemos el vestido que le gusta en la talla 10.**

Shop Assistant: I just checked, we do not have a size 10 in the dress you like.

***Cliente: Eso es una pena. Realmente me gusta el vestido.**

Customer: Thats not good. I really like the dress.

***Asistente de tienda: Sin embargo, tenemos el mismo vestido en la talla 10, pero en otros colores.**

Shop Assistant: However, we do have a size 10 in the same dress in different colours.

***Cliente: ¿Qué colores tienen?**

Customer: What different colours do you have?

***Asistente de tienda: Está disponible en verde, azul y morado.**

Shop Assistant: It is available in green, blue or purple.

***Cliente: ¿Podría probarme el vestido morado?**

Customer: Can I try on the purple dress?

***Asistente de tienda: Sí, señora, ¿le gustaría que lo lleve al vestidor para usted?**

Shop Assistant: Yes, madam, would you like me to take it to the fitting room for you?

***Cliente: Sí, por favor, me gustaría que lleve el vestido al vestidor.**

Customer: Yes, please, I would like you to take the dress to the fitting room.

***Asistente de tienda: Sígame señora y no dude en avisarme si necesita ayuda.**

Shop Assistant: Follow me madam and let me know if you need help.

***Cliente: Lo haré. Gracias.**

Customer: I will do. Thank you.

***Asistente de tienda: ¿Cómo le va?**

Shop Assistant: How are you getting on?

***Cliente: El vestido me queda bien. Me encanta en morado.**

Customer: The dress is a good fit. I love it in purple.

***Asistente de tienda: Genial, ¿le gustaría comprar el vestido?**

Shop Assistant: Great, would you like to buy the dress?

***Cliente: Sí, me gustaría comprar el vestido.**

Customer: Yes, I would like to buy the dress.

***Asistente de tienda: Excelente, la veré en el mostrador dentro de poco. Está saliendo del vestidor a la izquierda.**

Shop Assistant: Excellent, I will meet you by the till shortly. It is on the left when you come out of the fitting room.

***Cliente: De acuerdo, gracias por hacérmelo saber.**

Customer: Okay, thank you for letting me know.

Strengths and weaknesses
Fortalezas y debilidades

Sunita: Bueno, hemos visto a todos los candidatos para la posición de gerente de contabilidad y lo hemos reducido a dos personas, Joseph Lin y Maggie Tiernan. ¿A quién **prefieres?**

Sunita: OK, we've looked at all the candidates for the position of accounts manager and we are down to two people, Joseph Lin and Maggie Tiernan. Who would you prefer?

Achmed: Maggie ciertamente trabaja mucho más duro. Siento que Joseph a veces puede ser un poco holgazán.

Achmed: Maggie is certainly much more hardworking. I do feel Joseph can be a little lazy at times.

Sunita: Sé a lo que te refieres.

Sunita: I know what you mean.

Achmed: Pero Joseph es definitivamente el más inteligente de los dos. Maggie no es tonta, pero ella no siempre comprende una idea nueva tan rápido como Joseph.

Achmed: But Joseph is definitely the smarter of the two. Maggie is not stupid, but she doesn't always grasp new ideas as quickly as Joseph.

Sunita: También estoy de acuerdo contigo en eso.

Sunita: I agree with you there as well.

Achmed: ¿Quién crees que tiene la mejor personalidad?

Achmed: Who do you think has the best personality?

Sunita: Maggie es muy calmada, realista y humilde. Joseph puede ser muy arrogante a veces, y tiene mal temperamento cuando las cosas no van a su manera.

Sunita: Maggie. She is very calm, down-to-earth, and humble. Joseph can be very arrogant at times, and he does have a bad temper when things don't go his way.

Achmed: Sí. Lo he visto volverse impaciente con las personas. Maggie es mucho más paciente. Pienso que al personal le agradará más ella.

Achmed: Yes. I have seen him get impatient with people. Maggie is much more patient. I think the staff would like her more.

Sunita: También creo eso, el problema es que ellos podrían querer aprovecharse de ella. Tal vez ella es demasiado educada.

Sunita: I think so, too. The problem is they might take advantage of her. Perhaps she is too mild-mannered.

Achmed: Joseph es ciertamente más rígido, pero obtiene los resultados

Achmed: Joseph is certainly more forceful, but he does get results.

Sunita: Si Maggie pudiera superar su timidez, sería una mejor gerente. Joseph es mucho más extrovertido, y eso le da la confianza de dar a entender mejor su punto.

Sunita: If Maggie could get over her shyness, she would be a much better manager. Joseph is much more out-going, and this gives him the confidence to get his point across better.

Achmed: Lo sé, pero él puede ser un poco descuidado a veces. ¿Recuerdas el error que cometió hace un año? Pudo haber muchos problemas si no lo hubieses notado.

Achmed: I know, but he can be very careless at times. Do you remember the mistake he made last year? There could have been big problems if you hadn't noticed it.

Sunita: Había olvidado eso, sí, Maggie es mucho más meticulosa. Yo nunca necesito revisar su trabajo.

Sunita: I had forgotten about that. Yes, Maggie is much more meticulous. I never really need to check her work.

Achmed: Yo ya sé a quién prefiero.

Achmed: I know who I prefer.

Sunita: Yo también.

Sunita: Me too.

Achmed: ¿Maggie?

Achmed: Maggie?

Sunita: ¡Sin duda!

Sunita: Without a doubt!

Achmed: Estoy de acuerdo. Le enviaré un correo electrónico para pedirle que venga a reunirse con nosotros esta semana.

Achmed: I agree. I will send her an e-mail asking her to come and meet us later this week.

At the Supermarket
En el supermercado

Nancy: Bien, Charlie, ¿Podemos ceñirnos a nuestra lista de compras esta vez? Siempre que vamos a un supermercado compras muchas cosas que no necesitamos, y que terminamos tirando a la basura. Todo lo que hacemos es malgastar dinero.

Nancy: OK, Charlie, can we stick to our shopping list today? Every time we go to a supermarket, you buy lots of things we don't need, and we end up throwing stuff away. All we're doing is wasting money.

Charlie: Está bien.

Charlie: OK.

Nancy: Primero, necesitamos algunos vegetales – zanahorias, patatas y pimientos verdes.

Nancy: First, we need some vegetables – carrots, potatoes, and green peppers.

Charlie: Esos pimientos rojos tienen buena pinta.

Charlie: Those red peppers look nice.

Nancy: Lo sé, pero no están en la lista. Necesitamos acostumbrarnos a ceñirnos a nuestra lista.

Nancy: I know, but they are not on the list. We need to get into the habit of sticking to our list.

Charlie: Solo decía que tienen buena pinta. No estaba sugiriendo que los compráramos.

Charlie: I was just saying they looked nice. I was not suggesting that we buy them.

Nancy: También necesitamos algunas pechugas de pollo. Pienso que sería mejor llevar cerca de un kilogramo.

Nancy: We also need some chicken breasts. I guess it would be better to get about a kilogram of them.

Charlie: Tú ve por el pollo y yo iré a conseguir pasta de dientes. Casi la hemos acabado. No tiene sentido que los dos caminemos por ese pasillo juntos.

Charlie: You go and get the chicken and I will go and get some toothpaste. I have nearly run out. It makes no sense both of us walking over to that aisle.

Nancy: No está en la lista, pero me imagino que lo necesitamos. Yo compraría un multi-pack. Son mucho más baratos.

Nancy: It isn't on the list, but I guess you need it. I would buy a multi-pack; it works out cheaper.

[Se encuentran de nuevo]

[*They meet up again.*]

Charlie: También traje enjuague bucal.

Charlie: I got some mouthwash as well.

Nancy: Pero aún tienes media botella.

Nancy: But you have half a bottle left.

Charlie: Lo sé, pero está en oferta esta semana.

Charlie: I know, but it is on special offer this week.

Nancy: Está bien, tiene sentido. Vas a necesitarlo pronto. Ahora necesitamos un poco de pasta.

Nancy: OK, that makes sense. You will need some more soon. Now we need some pasta.

[Ellos van y consiguen pasta]

[*They go and get pasta.*]

Charlie: ¿Necesitamos algún ingrediente para la salsa de la pasta?

Charlie: Do we need any ingredients for the pasta sauce?

Nancy: No. Compré la mayoría de las cosas que necesitamos para esta noche el miércoles pasado. Esto solo es un poco de cosas extra para la semana.

Nancy: No. I got most of the stuff we need for tonight last Wednesday. This is just some extra stuff for the week.

Charlie: ¿Y los productos de limpieza? ¿Necesitamos algo de ese pasillo?

Charlie: What about cleaning products? Do we need anything in that aisle?

Nancy: No. creo que tenemos suficiente de todo. Creo que ya llevamos todo lo que necesitamos. Y nos hemos ceñido más o menos a nuestra lista.

Nancy: No. I think we have enough of everything. I think we have everything we need now, and we have more or less stuck to our list.

Running Errands
Hacer recados

Mama: Gavin, ¿estarás ocupado las próximas tres horas?

Mum: Gavin, are you busy for the next three or four hours?

Gavin: No en realidad, mamá, ¿por qué?

Gavin: Not particularly, Mum. Why?

Mama: Me acaban de llamar del trabajo preguntando si puedo ir por unas horas, pero tengo algunas cosas que quería hacer. Me preguntaba si podías hacerlas por mí.

Mum: Work has just called asking if I can go in for few hours, but I have a few jobs I wanted to do. I was wondering if you could do them for me.

Gavin: Supongo que sí.

Gavin: I guess so.

Mama: Primero, hay una bolsa de ropa cerca de la puerta de la entrada. ¿Puedes llevarla a la tienda de caridad en frente de la iglesia por mí?

Mum: First, there is a bag of clothes by the front door. Can you take them to the charity shop opposite the church for me?

Gavin: ¿La de la investigación del cáncer?

Gavin: Is that the one for cancer research?

Mama: Sí.

Mum: Yes.

Gavin: No hay problema.

Gavin: No problem.

Mama: ¿Puedes también ir a la tienda de Alan y traer plátanos y uvas rojas?

Mum: Can you also go to Alan's and get a bunch of bananas and a bunch of red grapes?

Gavin: Traeré algunas manzanas también, justo me comí la última.

Gavin: I will get some apples as well as I have just had the last one.

Mama: De acuerdo. Tengo otras tareas, pero no son tan importantes si estás ocupado.

Mum: OK. I do have a couple of other jobs, but they are not so important if you are busy.

Gavin: No tengo nada más que hacer, de hecho, es agradable poder ayudar.

Gavin: I have nothing else to do. In fact, it is nice to be able to help.

Mama: Está bien. ¿Puedes ir a la tintorería y recoger el traje de tu padre?Lo necesita mañana para la boda. También, ¿puedes llamar a la casa de la abuela? Ella necesita algo de ayuda en el jardín.

Mum: OK. Can you go to the dry cleaner's and pick up dad's suit? He needs it for the wedding tomorrow. Also, can you call in at grandma's house? She needs some help in the garden.

Gavin: Conociendo a la abuela, ella tendrá un millón de trabajos para que yo haga, pero está bien. ¿Necesitaré **pagar por la tintorería?**

Gavin: Knowing grandma, she will have a million jobs for me to do, but it is OK. Will I need to pay for the dry cleaning?

Mama: Sí. Yo te regresaré el dinero.

Mum: Yes. I will give you the money back.

Gavin: No me importa el dinero. Solo no quiero parecer tonto cuando esté ahí. ¿Eso es todo?

Gavin: I do not care about the money. I just don't want to look foolish when I get there. Is that everything?

Mama: Sí. Eres un ángel. Lo aprecio mucho.

Mum: Yes. You are an angel. I do appreciate it.

Gavin: Como te dije, estoy feliz de ayudar.

Gavin: As I said, I am happy to help.

At the Post Office
En la Oficina de Correos

Agente de la Oficina de correos: Hola, ¿cómo puedo ayudarle en este día?

Post office clerk: Hello, how can I help you today?

Julie: Hola, tengo algunas cosas que me gustaría enviar. ¿Tiene cajas y cinta para empacar?

Julie: Hi, I have some things I would like to send. Do you have boxes and packaging tape?

Agente de la Oficina de correos: Sí. Sí tenemos. En la esquina encontrará todo lo que necesita para armar un paquete. Tenemos cajas, cinta adhesiva, y etiquetas de envio. Puede tomar todo lo que necesite. Cuando termine, por favor traiga el paquete al mostrador y nosotros lo enviaremos por usted.

Post office clerk: Yes, we do. Around the corner you can find everything you need to put together a package. We have boxes, tape, and mailing labels. You can take what you need. Once you're finished, please bring the box up to the counter and we can mail it for you.

Julie: Genial, gracias. Volveré en un momento.

Julie: Great, thank you. I will be right back.

Agente de la Oficina de correos: ¿Encontró todo bien?

Post office clerk: Did you find everything alright?

Julie: Sí, gracias.

Julie: Yes, thank you.

Agente de la Oficina de correos: De acuerdo, entonces un paquete va con destino a a Vermont, y el el otro va con destino a Oklahoma, ¿cierto?

Post office clerk: Okay, so one package is going to Vermont, and the other is going to Oklahoma?

Julie: Es correcto.

Julie: That's right.

Agente de la Oficina de correos: ¿Hay algo frágil, ilegal o peligroso en cualquiera de los paquetes?

Post office clerk: Is there anything fragile, illegal, or dangerous in either package?

Julie: No, no lo hay.

Julie: No, no there is not.

Agente de la Oficina de correos: De acuerdo. Entonces para el primer paquete, podemos enviarlo por una tarifa plana de envío de $30 y será entregado en tres días. También puede usar el envío tradicional, que cuesta $20 y toma alrededor de dos semanas en llegar.

Post office clerk: Alright. So, for this first package, we can send it with flat rate shipping for $30 and it will arrive in three days. You can also use standard shipping, which will cost $20 and take up to two weeks.

Julie: Me gustaría la tarifa plana de envio.

Julie: I would like the flat rate shipping.

Agente de la Oficina de correos: ¿Le gustaría **asegurar su paquete?**

Post office clerk: And would you like insurance on that?

Julie: No gracias.

Julie: No, thank you.

Agente de la Oficina de correos: Está bien. Y por el segundo paquete, la tarifa plana de envío le costará $15 y llegará a Oklahoma en tres días. El envío tradicional le costará $8.50 y llegará en al menos dos semanas.

Post office clerk: Okay and for this second box, flat rate shipping will cost $15 and it will arrive in Oklahoma in three days. Standard shipping will cost $8.50 and take up to two weeks.

Julie: El envío tradicional está bien para este paquete, gracias.

Julie: Standard shipping is fine for that one, thank you.

Agente de la Oficina de correos: Está bien. ¿Necesita un seguro?

Post office clerk: Okay, any insurance?

Julie: No gracias.

Julie: No, thank you.

Agente de la Oficina de correos: De acuerdo. ¿Hay algo más en lo que le pueda ayudar hoy?

Post office clerk: Okay, is there anything else I can help you with today?

Julie: No, ¡eso es todo, gracias! ¡Adiós!

Julie: No, that's all thank you! Goodbye!

Agente de la Oficina de correos: ¡De nada! ¡Adiós!

Post office clerk: You're welcome! Goodbye!

A Night at the Theater
Una noche en el teatro

***Daniel: La clase de aburrimiento que siento esta noche no creo que la haya experimentado nunca en mi vida. Creo que tenemos que animar las cosas. ***

Daniel: The kind of boredom I'm feeling tonight, I don't think I have ever experienced it in my life before. I think we need to spice things up.

***Stephanie: Yo también siento lo mismo, Daniel. Pero ¿qué cosas divertidas podemos hacer ahora mismo?. Ahora mismo hay un apagón, así que no podemos ni jugar ni ver la televisión. ***

Stephanie: I feel the same way too, Daniel. But what fun stuff can we do right now? There is a power cut right now, so we can't even play games or watch TV.

***Daniel: Jugar toda la noche habría sido lo mejor. Tengo FIFA, Call of Duty, Fortnite. Me pregunto por qué tuvo que cortarse la luz esta misma noche. ***

Daniel: Playing games all night would have been the best. I've got FIFA, Call of Duty, Fortnite. I wonder why the power had to go off on this very night.

***Stephanie: (Risas) Tú y los juegos… prefiero dormir en el sofá viendo mis series favoritas de Nickelodeon o Disney. ***

Stephanie: (Chuckles) You and games… I'd rather just sleep on the couch watching my favorite Nickelodeon or Disney series.

***Daniel: Sí, lo entiendo. ¿Por qué no vamos a ver la obra en el teatro esta noche? ¿ En el teatro que está al final de la calle?. ***

Daniel: Yes, I know. Why don't we go to see the play at the theatre tonight? The theatre down the road.

***Stephanie: (Suspiro) ¿Cómo es que nunca se nos ocurrió eso? Eres un genio, Daniel. ¿Qué obra están pasando? ***

Stephanie: (Sigh) How come we never thought of that? You're a genius, Daniel. What play are they showing?

***Daniel: Escuché que están pasando Romeo y Julieta. ***

Daniel: I heard they are showing Romeo and Juliet.

***Stephanie: Me encantaría ver esa obra. ***

Stephanie: I'd love to see that play.

***(Daniel y Stephanie llegan al teatro en 10 minutos). ***

(Daniel and Stephanie arrive at the theatre in 10 minutes).

***Daniel: Sentémonos aquí. Ya tengo la piel de gallina.Ésta es mi primera noche en el teatro. ***

Daniel: Let's take a seat here. I have goosebumps already. This is my first night at a theatre.

***Stephanie: ¡Lo mismo digo, Daniel! Me siento emocionada. ***

Stephanie: Same here, Daniel! I'm feeling excited.

***(La obra comienza inmediatamente y termina en una hora). ***

(The play starts immediately and ends in an hour).

***Daniel: Phew... Stephanie, ¿qué tienes que decir? Porque me he quedado sin palabras. ***

Daniel: Phew... Stephanie, what do you have to say? Because I have run out of words.

***Stephanie: Esta es la mejor noche de mi vida. ¿Viste cómo esos chicos retrataron a Romeo y Julieta? No he visto nada mejor que eso. Gracias por esta sugerencia, Daniel. ***

Stephanie: This is the best night of my life. Did you see how those guys portrayed Romeo and Juliet. I've seen nothing better than that. Thanks for this suggestion, Daniel.

***Daniel: El placer es mío. ***

Daniel: It's my pleasure.

***Stephanie: Vayamos a casa. Ya es muy tarde. ***

Stephanie: Let's head home. It's very late already.

Taking a Vacation
De vacaciones

Sam: ¡No puedo creer que nos vamos de vacaciones mañana!

Sam: I can't believe we leave for vacation tomorrow!

Claire: ¡Ni yo tampoco! Estoy muy emocionado. Nunca he estado en España antes.

Claire: Nor me! I am so excited. I've never been to Spain before.

Sam: Tampoco yo. Va a ser muy divertido. ¿Ya empacaste tu maleta?

Sam: I haven't either. It's going to be so much fun. Have you packed your suitcase yet?

Claire: No, aún no lo he hecho. ¿Y tú?

Claire: No, I haven't. Have you?

Sam: Empecé a empacar anoche.

Sam: I started packing last night.

Claire: No olvides traer tu chuvasquero. Le eche un vistazo al pronostico del tiempo y parece que va a llover esta semana.

Claire: Don't forget to bring your raincoat. I looked at the weather and it is going to rain this week.

Sam: Correcto, haré eso. También necesito empacar mis euros y mi pasaporte.

Sam: Right. I will do that. I also need to pack my Euros and my passport.

Claire: Oh sí, ¡no puedo olvidar mi pasaporte! ¿Ya imprimiste tu pasaje de avión?

Claire: Oh yeah, I can't forget my passport! Did you print out your boarding pass yet?

Sam: No, haré eso esta noche. He hecho una lista de todo lo que necesito hacer antes de que nos vayamos mañana.

Sam: No, I will do that tonight. I've made a list of everything I need to do before we leave tomorrow.

Claire: ¿Podrá tu hermano llevarnos al aeropuerto?

Claire: Can you brother still drive us to the airport?

Sam: Sí, él va a venir por la mañana. Necesitas estar en mi casa a las 6:00 a.m., ¿está bien?

Sam: Yeah, he is going to come over in the morning. You need to be at my house at 6:00am, okay?

Claire: Eso es bastante pronto. Pero si, ahí estaré.

Claire: That's so early. But yeah, I'll be there!

Sam: Genial. ¿De que estas más emocionada?

Sam: Great. What are you most excited about?

Claire: Estoy ansiosa por probar la comida en España, e ir a Barcelona. ¿Y tú?

Claire: I am excited to try the food in Spain! And to go to Barcelona. What about you?

Sam: Estoy emocionada de ir a Madrid y ver todas las hermosas atracciones turísticas. También quiero probar vinos españoles.

Sam: I am excited to go to Madrid and see all the beautiful tourist attractions. I also want to try Spanish wines.

Claire: Yo también. He escuchado que la comida y vinos en España son muy buenos.

Claire: Me too. I've heard that the food and wine in Spain are so good.

Sam: Bien, ¡deberíamos ir a casa y empacar nuestras maletas! ¡No queremos olvidar nada!

Sam: Alright, we should go home and pack our bags! We don't want to forget anything!

Claire: ¡Cierto! ¡estoy tan emocionada!¡ No sé si voy a poder dormir esta noche!

Claire: Right! I'm so excited! I don't know if I will be able to sleep tonight!

Sam: ¡Lo sé! ¡Este es mi primer viaje a Europa! ¡Va a ser increíble!

Sam: I know! This is my first trip to Europe! It is going to be amazing!

Claire: ¡Te veo mañana Sam!

Claire: See you tomorrow, Sam!

At the Pet Store
En la tienda de mascotas

Asistente: Buenos días. ¿Cómo puedo ayudarle?

Assistant: Good morning. How can I help you?

Petra: Estoy interesado en comprar un perro. Pero no estoy seguro de qué raza.

Petra: I am interested in buying a dog, but I am not sure what breed.

Asistente: Ya veo. Supongo que primero tiene que decidir qué tan grande le gustaría que sea el perro.

Assistant: I see. I guess you first need to decide how big a dog you would like.

Petra: Sí. Eso sería un buen comienzo. Pienso que no me gustaría uno muy grande ya que solo tengo un apartamento pequeño. También me gustaría un perro que sea calmado. No quiero un perro que le ladre a todos mis amigos cuando me visiten.

Petra: Yes. That would be a good start. I don't think I would like something too big. I only have a small apartment. I would also like a dog that is calm. I don't want a dog that barks at all my friends when they come and visit me.

Asistente: ¿Qué le parece este? [La asistente le muestra un perro a Petra]

Assistant: How about this one? [*She shows Petra a dog.*]

Petra: Oh, él es tan adorable.

Petra: Oh, he is just adorable.

Asistente: De hecho, es una hembra. Esta raza de perro se llama Maltés. Son muy calmados y pueden convivir con los gatos. Además, no necesitan pasear mucho. Una vez al día por cerca de diez minutos estaría bien. Yo tengo una hembra que se llama Martha. Ella es adorable.

Assistant: Actually, it is a she. This breed of dog is called a Maltese. They are very calm and can be around cats. Moreover, they do not need to be walked a lot – once a day for about ten minutes would be fine. I have one called Martha. She is lovely.

Petra: ¿Puedo sostenerla?

Petra: Can I hold her?

Asistente: Por supuesto. [El asistente le pasa la perra a Petra]

Assistant: Of course. [*The assistant hands Petra the dog.]*

***Petra:* Oye, es adorable, y creo que le gusto.** *¿Cuántos* **años tiene?**

Petra: Oh, she is lovely, and I think she likes me. How old is she?

Asistente: Cerca de seis meses de edad.

Assistant: Nearly six months old.

Petra: ¿Cuánto vive esta raza de perros?

Petra: How long does this breed of dog live?

Asistente: Normalmente.alrededor de quince años.

Assistant: Typically, around twelve to fifteen years.

Petra: ¿Cuánto cuesta?

Petra: How much does she cost?

Asistente: Cuesta mil dólares. Sé que suena caro, pero los perros pueden ser incluso más caros si son de criadores privados.

Assistant: She is US$1000. I know that sounds expensive, but they can often be more expensive from private breeders. This one was given to us by a family who had to move abroad.

Petra: Eso sobrepasa un poco mi presupuesto, pero ya siento que la amo. ¿Puedo **irme y pensarlo un poco?**

Petra: That is a little above my budget, but I do love her already. Can I go away and think about it?

Asistente: Por supuesto. Además, podemos darle algo de comida para perros gratis por su compra.

Assistant: Of course. Also, we can give you some free dog food if you decide to buy her.

Petra: Está bien. Lo voy a pensar. Gracias por su ayuda.

Petra: OK. I will think about it. Thank you for your help.

Preparing for a party
Preparando una fiesta

Sue: Nina, ¿podríamos revisar todos los detalles para la fiesta sorpresa para mamá? Estoy segura de que hemos olvidado algo.

Sue: Nina, can I just run through all the arrangements for mum's surprise party tomorrow? I am sure we have forgotten something.

Nina: Estoy segura de que ya está todo organizado, pero vale la pena revisar.

Nina: I am sure everything has been organized, but it is worth checking.

Sue: Cierto, yo invité a veintisiete personas y hasta el momento me han confirmado veintidós que van a asistir, tres han dicho que no pueden, pero no he escuchado nada de Jackie and Phil.

Sue: Right, I invited twenty-seven people and so far twenty-two have confirmed they are coming, three have said they can't, but I have not heard from Jackie and Phil.

Nina: Oye, Jackie llamó ayer. Ellos no pueden venir porque van a ir a una boda.

Nina: Oh, Jackie phoned yesterday. They cannot make it as they're going to a wedding.

Sue: Está bien, entonces serían veintiséis personas si incluimos a mamá, papá, tú y yo. La tía Jess está encargada de la comida, y el tío Pete esta encargado del alcohol.

Sue: OK. So that will be twenty-six people if we include mum, dad, me and you. Aunt Jess is in charge of the food, and Uncle Pete is in charge of the alcohol.

Nina: El tío Pete disfrutará eso.

Nina: Uncle Pete will enjoy that.

Sue: Papá llevará a mamá a recoger a la abuela a eso de las diez en punto. Lo que debería darnos tiempo para decorar la casa.

Sue: Dad is going to take mum to pick up grandma about ten o'clock, which should give us time to decorate the house.

Nina: ¿Ya recogiste el regalo de mamá?

Nina: Have you picked up mum's present?

Sue: Aún no. Lo iré a recoger luego.

Sue: Not yet. I am going to get it later.

Nina: Oh, acabo de pensar algo, ¿qué haremos con los automóviles? No podemos tener cerca de doce automóviles fuera de la casa. No es justo para los vecinos que no vienen y mama sospechará algo cuando venga y los vea fuera de la casa.

Nina: Oh, I have just had a thought. What can we do about cars? We cannot have twelve cars or so outside our house. It is not fair on the neighbors who are not coming and mum will suspect something when she comes and sees all of them outside the house.

Sue: Está bien, les dije a todos que se estacionaran en el aparcamiento del complejo deportivo.

Sue: It is OK. I told everyone to park in the car park at the sports field.

Nina: Buena idea

Nina: Good thinking.

Sue: ¿Y el pastel?

Sue: What about the cake?

Nina: Tessa lo recogerá por nosotros.

Nina: Tessa is picking it up for us.

Sue: Entonces creo que todo está organizado.

Sue: I think we are all organised then.

Nina: Espero que el tiempo esté bien, y así poder salir al jardín.

Nina: I hope the weather stays fine, so we can go out in the garden.

Sue: El pronóstico anuncia sol radiante.

Sue: The forecast is for bright sunshine.

Nina: Entonces debería ser un buen día.

Nina: Then it should be a good day.

At the tourism office
En la oficina de turismo

Empleado: Hola ¿Cómo puedo ayudarle?

Attendant: Hello. How may I help you?

Visitante: Hola, siento molestarlo, pero tengo algunas preguntas acerca de la mejor manera de viajar alrededor de la ciudad.

Visitor: Hello. I am sorry to bother you, but I have a few questions about the best way to travel around the city.

Empleado: No es una molestia para mí. Estoy feliz de ayudarle.

Attendant: You are not bothering me. I am happy to help.

Visitante: En primer lugar, ¿puedo comprar algún tipo de pase que pueda ser usado en buses y tranvías?

Visitor: Firstly, can I buy some kind of pass that can be used both on buses and trams?

Empleado: Sí. Tenemos lo que llamamos la tarjeta de viajes EZ. La tarjeta por sí sola es gratis y le puede recargar cualquier cantidad de dinero que desee. La tarjeta puede luego ser usada en autobuses, tranvías, e incluso trenes. ¿Le gustaría adquirir una?

Attendant: Yes. We have what we call an EZTravel Card. The card itself is free and you can put any amount of money you like on it. The card can then be used on buses, trams, and even trains. Would you like one?

Visitante: Eso suena genial. Me voy a quedar en la ciudad por tres días. ¿Cuánto cree que debería ponerle a la tarjeta?

Visitor: That sounds great. I am staying in the city for three days. How much do you think I should put on the card?

Empleado: Yo diría que 10$ (diez dólares) son suficientes. Si aún le queda crédito a la tarjeta lo puede cambiar por efectivo en el aeropuerto, en la estación principal de buses, o en la estación de trenes.

Attendant: I would say $10 is easily enough. If you have any credit left, you can cash it in at the airport, at the main bus station, or the main train station.

Visitante: Genial. Tengo otro par de preguntas.

Visitor: Great. I do have a couple of other questions.

Empleado: Está bien.

Attendant: OK.

Visitante: Mi amigo me dijo que todos los museos en la ciudad son gratis para estudiantes, ¿es eso cierto?

Visitor: My friend said all the museums in the city are free to students. Is that right?

Empleado: Sí, solo necesita enseñar su identificación de estudiante.

Attendant: Yes. You just need to show your student ID.

Visitante: ¿Incluso si soy un estudiante de otro país?

Visitor: Even if I am a student in another country?

Empleado: Sí, siempre que veamos que la identificación es una de estudiante y aún completamente válida.

Attendant: Yes, as long as we can see the card is a student card and still valid.

Visitante: Además, tiene información acerca de cómo encontrar trabajo aquí. Me encantaría encontrar un trabajo y quedarme más tiempo.

Visitor: Also, do you have any information about finding work here. I would love to find a job and stay longer.

Empleado: Sí, este folleto podría ayudarle. Además, por favor tome nota de este sitio web. Contiene mucha información acerca de trabajos en este lugar.

Attendant: Yes. This leaflet may help. Also, please note this website. It contains a lot of information about working here.

Visitante: Ha sido de gran ayuda. Realmente lo aprecio.

Visitor: You have been a great help. I really appreciate it.

Empleado: No hay ningún problema. Espero disfrute su estadía en la ciudad

Attendant: It has been no problem at all. I hope you enjoy your stay in the city.

At the bank
En el banco

Cajera: Hola. ¿En qué puedo ayudarle?

Bank Teller: Hello. How may I help you?

Yi-chin: ¿Podría retirar un poco de efectivo por favor? Su cajero automático parece que ya no funciona.

Yi-chin: Could I withdraw some cash, please? Your ATM doesn't seem to be working.

Cajera: Oh, usted es la primera persona que lo menciona. Déjeme comunicarselo a mi jefe. [La cajera habla con otra señorita] Entonces, ¿Cuánto dinero desea retirar?

Bank Teller: Oh, you are the first person to mention that. Let me just tell my boss. [*The teller speaks to another lady.*] OK, so how much money would you like to withdraw?

Yi-chin: Seiscientos dólares por favor.

Yi-chin: Six hundred dollars, please.

Cajera: ¿Me puede dar su tarjeta?

Bank Teller: May I have your ATM card?

Yi-chin: Aquí esta [La cajera le da la tarjeta]

Yi-chin: Here it is. [*She passes the card over.*]

Cajera: Gracias. ¿Tiene algún otro tipo de identificación? Una identificación con su fotografía.

Bank Teller: Thank you. Do you have another form of identification – something with your picture on it?

Yi-chin: Si. Tengo mi identificación de estudiante. [Ella le pasa la identificación]

Yi-chin: Yes. I have my student card. [*She passes it over.*)

Cajera: Gracias [Ella teclea en el ordenador] Lo siento. Parece que no hay suficientes fondos en esta cuenta. Solo dispone de este monto. [La cajera lo escribe en un pedazo de papel y se lo pasa a Yi-chin]

Bank Teller: Thank you. [*She taps the computer keys.*] I am sorry. There doesn't seem to be enough money in this account. There is only this amount. [*The teller writes on a piece of paper and passes it to Yi-chin.*]

Yi-chin: Eso no parece ser correcto. Yo hablé con mis padres ayer y ellos me dijeron que transfirieron dos mil dólares a mi cuenta hace tres días. Debería estar disponible para el día de hoy. Necesito el dinero para pagar mi renta.

Yi-chin: That cannot be right. I spoke to my parents yesterday and they told me they had transferred two thousand dollars to my account three days ago. It should have cleared by now. I need the money to pay my rent.

Cajera: Déjeme revisar de nuevo. [Ella escribe en el ordenador de nuevo] Si, existe ese monto en el sistema. Debería de aparecer esta noche y estar disponible mañana.

Bank Teller: Let me take a look. [*She taps the keys again.*] Yes, there is that amount in the system. It should clear tonight and be available tomorrow.

Yi-chin: Pero mañana es sábado y el banco está cerrado. ¿Y que pasará si el cajero automático aún no funciona mañana?

Yi-chin: But it is Saturday tomorrow and you are closed. What if the ATM is still not working?

Cajera: Estoy segura de que sí va a funcionar. Además, tenemos otra sucursal enfrente a la iglesia. Tiene un cajero automático que podría usar.

Bank Teller: I am sure it will be. Also, we have another branch opposite the church. It has an ATM you could use.

Yi-chin: De acuerdo. Entonces voy a regresar mañana.

Yi-chin: OK. Then I will come back tomorrow.

Cajera: ¿Hay algo más en que le pueda ayudar?

Bank Teller: Is there anything else I can help you with?

Yi-chin: No, eso es todo. Gracias por su ayuda.

Yi-chin: No, that is everything. Thank you for your help.

Cajera: Es un placer. Espero que tenga un buen día.

Bank Teller: It is my pleasure. I hope you have a good day.

Yi-chin: Usted también. Adiós.

Yi-chin: You, too. Bye.

In the flea market
En el mercado de pulgas

Cliente: Tienes algunas cosas realmente hermosas aquí.

Customer: You have some really beautiful things here.

Vendedor: Gracias. Las hago todas yo misma.

Seller: Thank you. I make everything myself.

Cliente: Desearía tener el talento para hacer eso.

Customer: I wish I had the talent to do that.

Vendedor: Estoy seguro de que tienes diferentes habilidades. ¿Ves algo que te guste?

Seller: I am sure you have different skills. Do you see anything you like?

Cliente: Sí. Ese broche de mariquita es maravilloso. Te tiene que haber tomado horas. ¿Puedo mirarlo de cerca?

Customer: Yes. That ladybird brooch is gorgeous. It must have taken you hours. Can I have a closer look at it?

Vendedor: Por supuesto, aquí tienes. (Ella le pasa el broche al cliente)

Seller: Of course, here you are. (*She hands the brooch over to the customer.*)

Cliente: Es realmente encantador, pero $280 está por encima de mi presupuesto.

Customer: It really is lovely, but $280 is above my budget?

Vendedor: ¿Estás buscando algo en particular?

Seller: Are you looking for something in particular?

Cliente: Sí. El cumpleaños de mi hermana gemela es el sábado. Quiero darle algo bonito, pero realmente solo puedo permitirme gastar alrededor de $100.

Customer: Yes. It is my twin sister's birthday on Saturday. I want to get her something nice, but I can only really afford to spend around $100.

Vendedor: Entonces tu cumpleaños también debe ser el próximo sábado. Feliz cumpleaños para el próximo sábado.

Seller: Then it must be your birthday next Saturday, too. Happy birthday for next Saturday!

Cliente: Gracias. Ese collar con la «K» es bonito. El nombre de mi hermana es Kira. Creo que le gustaría eso.

Customer: Thank you. That necklace with the 'K' is nice. My sister's name is Kira. I think she would like that.

Vendedor: Mi nombre también es Kira. ¡Vaya coincidencia! Sí, **también me gusta ese.**

Seller: My name is Kira, too. What a coincidence. Yes, I like that, too.

Cliente: No puedo ver la etiqueta del precio.

Customer: I can't see the price tag.

Vendedor: Lo siento, debí haber olvidado ponerle precio. Esta en oferta a $130 dado que tomó **un poco de tiempo hacerlo. Sin embargo, como es tu cumpleaños y también el de tu hermana, y porque su nombre también es Kira, te lo dejar**é **en $100**

Seller: Sorry, I must have forgotten to put one on. It is for sale at $130 as it took quite a long time to make. However, as it is both your and your sister's birthday, and because her name is Kira, too, I will let you have it for $100.

Cliente: Eso es realmente amable de tu parte.

Customer: That is really kind of you.

Vendedor: Incluso tengo una pequeña caja para ponerlo.

Seller: I even have a little box to put it in.

Cliente: Sé **que a Kira le encantará esto. Muchas gracias.**

Customer: I know Kira will love this. Thank you so much.

Vendedor: Estoy feliz de que lo haya vendido para alguien a quien le va a gustar, y que también tiene un nombre genial.

Seller: I am happy it is being sold to someone who will like it – and has a cool name, too.

Complain on the phone
Quejas por el teléfono

Servicio al cliente: Hola, servicio al cliente. ¿En qué puedo ayudarle?

Customer Service: Hello, Customer Service. How may I help you?

Michael: Hola, habla Michael Fischer. Hablo acerca de una orden de camisas tipo polo que acabo de recibir.

Michael: Hello, this is Michael Fischer speaking. I am calling about an order of polo shirts that I have just received.

Servicio al cliente: Hola, señor Fischer. ¿Tiene un número de referencia?

Customer Service: Hello, Mr. Fischer. Do you have a reference number?

Michael: Si, el número de referencia es OBD664J-MF

Michael: Yes. It's OBD664J-MF.

Servicio al cliente: Un momento por favor... Si aquí veo su orden. Cuatro camisas polo talla XL. ¿Cuál es el problema señor Fischer?

Customer Service: One moment please…Yes, here we are. Four polo shirts, size XL. What seems to be theproblem, Mr. Fischer?

Michael: Para empezar, pedí que las camisas fueran de cuatro diferentes colores: azules, verdes, rosadas y rojo oscuro. No obstante, todas las camisas que recibí son rosadas.

Michael: Firstly, I asked for the shirts to be four different colors, blue, green, pink, and dark red. However, every shirt I received is pink.

Servicio al cliente: Lamento escuchar eso.

Customer Service: I am sorry to hear that.

Michael: Además, son de diferentes tallas, pequeñas, medianas, grandes y extragrandes por lo que solo una me queda.

Michael: Moreover, they are four different sizes – small, medium, large, and extra large, so only one fits me.

Servicio al cliente: También lamento escuchar eso.

Customer Service: I am sorry to hear that as well.

Michael: Eso no es todo. La única que sí me queda, la extragrande, tiene una mancha. Creo que es tinta. No la puedo usar de ninguna manera. Debo admitir que estoy muy decepcionado con esta situación.

Michael: That is not all. The one that does fit me, the extra-large one, has a stain on it. I think it is ink. There is no way I can wear it. I must admit, I am really disappointed with this situation.

Servicio al cliente: Sí, puedo entender su decepción. Le enviaré una nueva orden. ¿Puede solamente confirmarme su dirección?

Customer Service: Yes, I can understand your disappointment. I will get a new order sent to you right away. May I just confirm your address?

Michael: Por supuesto, mi dirección es 16 calle Chapel, Bottlethorpe, BE2, 2NP.

Michael: Sure, it's 16 Chapel Lane, Bottlethorpe, BE2, 2NP.

Servicio al cliente: Confirmando, es 16 calle Chapel, Bottlethorpe, BE2,2NP.

Customer Service: That's 16 Chapel Lane, Bottlethorpe, BE2, 2NP.

Michael: Sí

Michael: Yes.

Servicio al cliente: Me aseguraré de que la orden correcta le sea enviada hoy, y debería llegarle en tres a cinco días. Alguien le llamará para organizar la mejor hora para entregársela. ¿Podría por favor darle la primera caja que recibió al repartidor?

Customer Service: I will ensure the correct order is sent today and it should be with you in three to five days. Someone will call you to arrange the best time to meet you. Could you please give the first box you received to the delivery person?

Michael: No hay problema

Michael: No problem.

Servicio al cliente: Y también me disculpo por todo el inconveniente que esto le ha causado.

Customer Service: And may I apologize for any inconvenience this has caused?

Michael: No hay problema. Estas cosas pasan.

Michael: No problem. These things happen.

Preparing Christmas
Preparando la Navidad

Amanda: Oye Lucy, finalmente has llegado. El centro comercial esta llenísimo. Siempre dejo las compras de navidad para el último momento.

Amanda: Hey Lucy, you're finally here. The mall's crowded, I always leave Christmas shopping to the last day...

Lucy: Oh hola, si, finalmente aquí estoy. Ya está empezando a parecer Navidad. No te preocupes, yo también tengo que hacer algunas compras de última hora.

Lucy: Oh hi, I made it. It's beginning to look a lot like Christmas. Don't worry, I also have some late shopping to do.

Amanda: Necesito comprar un regalo para mi hermana. Ella es la persona a la que más cuesta comprarle algo.

Amanda: I need to buy a present for my sister, she's the most terrible person to shop for.

Lucy: Estoy segura de que encontraremos algo. Y para mañana, para Nochebuena, ¿qué estas planeando hacer?

Lucy: I'm sure we'll find something. So, tomorrow's Christmas Eve, what do you plan on doing?

Amanda: Pues ya hemos decorado la casa con algunas decoraciones navideñas y tenemos un árbol de navidad muy hermoso.

Amanda: Well we've already decorated the house with some Christmas decorations and we have the most beautiful Christmas tree.

Lucy: Guau. ¡Estupendo! ¿Compraste algún adorno nuevo?

Lucy**:** Wow, amazing! Did you buy some new ornaments?

Amanda: Sí, he comprado algunas luces navideñas rojas y doradas muy bonitas y una gran estrella para adorar la punta del árbol.

Amanda: Yes, I've bought some beautiful red and gold bulbs and a big star to put on top of the tree.

Lucy: ¡Estupendo! Nosotros decoramos nuestra casa con luces y pusimos los renos en el techo. Realmente luce mágico.

Lucy: That's great! We decorated our house with lights, and put the reindeer on the roof, it looks really magical.

Amanda: ¡Maravilloso! ¿Qué haces normalmente en Nochebuena?

Amanda: Amazing! What do you usually do on Christmas Eve?

Lucy: Normalmente decoramos el árbol, ponemos algunos calcetines sobre la chimenea y preparamos la cena. Este año esperaremos a los que cantan villancicos y tal vez miraremos una película. Y Denis definitivamente dejará un poco de galletas y leche para santa. Eso me recuerda que tengo que ir al supermercado.

Lucy: We usually decorate the tree, put stockings on the fireplace and prepare dinner. This year we'll wait for the carollers to come and maybe watch a Christmas movie. And Denis will definitely want to leave some milk and cookies for Santa. That reminds me, I need to go to the supermarket.

Amanda: ¡Oh es cierto! Yo también necesito hacer algunas compras para el almuerzo y un poco de papel para envolver los regalos.

Amanda: Oh right! I also need to buy some groceries for Christmas lunch, and some wrapping paper for the presents.

Lucy: Simplemente amo la navidad. La familia completa se junta en navidad y prepara todo. ¡Es el momento más mágico del año!

Lucy: I just love Christmas time. The whole family comes together and prepares everything for Christmas. It's the most magical time of the year!

Amanda: Tal vez el día de Navidad, después de abrir los regalos, nos podríamos reunir todos para construir un muñeco de nieve y para una pelea de bolas de nieve.

Amanda: Maybe on Christmas day, after we open the presents, we can all come together to build a snowman and for a snow fight.

Lucy: ¡Eso estaría genial! No puedo esperar.

Lucy: That would be great! I can't wait.

Asking a favour
Pidiendo un favor

Jack: Oye Peter, ¿tienes un minuto?

Jack: Hey Peter, have you got a minute?

Peter: Sí por supuesto. ¿Cómo va todo?

Peter: Yes sure, what's up?

Jack: Bueno, tú sabes que estoy estudiando para mis exámenes finales, ¿cierto?

Jack: Well, you know how I'm studying for my final exams these days, right?

Peter: Oh sí, ¿cómo va eso?

Peter: Oh yes, how's that going?

Jack: Ha ido bastante bien. De hecho, ¿me preguntaba si podrías hacerme un favor?

Jack: It's been going quite well. Actually, I was wondering, if you could do me a big favour...

Peter: Por supuesto, ¿qué necesitas?

Peter: Of course, what is it?

Jack: Bueno, realmente necesitaría algo de ayuda con mi tarea de escritura. Como tú pasaste el examen el año pasado, pensé que podrías ayudarme un poquito.

Jack: Well, I would really need some help with my written assignment. Since you passed the exam last year, I thought you could help me a bit.

Peter: Estaría feliz de ayudarte. ¿Cuándo te gustaría empezar?

Peter: I'd be happy to help you. When would you like to start?

Jack: ¿Estás libre la semana que viene? ¿Te importaría echarme una mano?

Jack: Are you free next week? Would you mind giving me a hand then?

Peter: Me temo que no voy a poder la próxima semana. Tengo ese viaje de trabajo en equipo. ¿Tal vez el próximo fin de semana?

Peter: I'm afraid I can't do it next week. I have that team building trip. Maybe next weekend?

Jack: No hay problema, ¡eso estaría genial!

Jack: No problem, that would be great!

Peter: ¿Con qué necesitas ayuda exactamente?

Peter: What exactly do you need help with?

Jack: Bueno, ya he escrito el ensayo, pero me gustaría que tú **lo revisaras, para ver si está bien.** ¿Te importaría ayudarme con eso?

Jack: Well generally, I have written the essay, but I would like you to go through it, to see if it is any good. Would you mind helping me with that?

Peter: Sería un placer. Creo que todavía tengo mis apuntes del año pasado, así que puedo dártelos.

Peter: It would be my pleasure. I think I still have my notes from last year, so I can give them to you.

Jack: Eso sería estupendo. Entonces ¿debería llamarte el siguiente fin de semana para juntarnos?

Jack: That would be amazing. So, should I call you next weekend so that we can get together?

Peter: Sí, seguro.

Peter: Yeah, sure.

Jack: Tú sí que eres un buen amigo. **Muchas gracias.**

Jack: You're a real friend. Thanks a lot!

Peter: ¡De nada!

Peter: Don't worry about it!

Looking to rent or buy an apartment
Bucando apartamentos para alquilar

Janelle: Oye, John, ¿Dónde encontraste tu apartamento? Quiero mudarme de la casa de mis padres a mi propio apartamento.

Janelle: Hey, John, where did you find your apartment? I want to move out of my parent's house into my own apartment.

John: Lo busqué en línea. Hay muchos sitios web para encontrar apartamentos. ¿Dónde **quieres vivir?**

John: I went online. There are a lot of websites to find apartments. Where do you want to live?

Janelle: Me voy a quedar en la ciudad. ¿Podrías enseñarme los sitios web que utilizaste?

Janelle: I am going to stay in the city. Can you show me the websites you used?

John: ¡Por supuesto! ¿Tienes tu ordenador portátil?

John: Sure! Do you have your laptop?

Janelle: Sí, está justo aquí.

Janelle: Yes, it's right here.

John: Entonces, ¡echémosle un vistazo! ¿Cuál es tu **presupuesto?**

John: Then let's take a look! What is your budget?

Janelle: Quiero alquilar un apartamento que cueste menos de $900 (novecientos dólares) por mes. ¿Crees que es posible?

Janelle: I want to rent an apartment that is less than $900 a month. Do you think I can do that?

John: Creo que sí. ¿Vas a vivir sola o con un compañero de **piso?**

John: I think so. Are you going to live alone, or with a roommate?

Janelle: Yo sola. Me gustaría un apartamento de una habitación.

Janelle: Alone. I would like a one bedroom apartment.

John: Excelente, veremos lo que podemos encontrar. ¿Quieres una lavadora y secadora?

John: Great, let's see what we can find. Do you want a washer and dryer?

Janelle: Sí, eso sería estupendo. De esa manera no tendría que llevar mi ropa a la lavandería.

Janelle: Yes, that would be nice. That way I do not have to take my clothes to the laundromat.

John: Estoy de acuerdo. ¿Y sobre aparcar? ¿Quieres aparcar en la calle, o quieres una plaza de garaje?

John: I agree. What about parking? Do you want to park on the street, or do you want a parking lot?

Janelle: Cualquiera está bien. No me importaría aparcar en la calle.

Janelle: Either is fine. I don't mind parking on the street.

John: De acuerdo. Veamos. Hay cerca de diez apartamentos que tienen lavadora y secadora y que están debajo de los $900 (novecientos dólares). ¿Por qué no miramos las fotos?

John: Okay. Let's see. There are about ten apartments that have a washer and dryer that are under $900. Why don't we look at the pictures?

Janelle: Oh, sí. Me gusta este. Incluso permiten mascotas. ¡Qué genial!

Janelle: Oh, yes. I like this one. They even allow pets! How great!

John: Deberíamos enviarle un correo electrónico al arrendador. Si responde, podríamos ir a ver el apartamento juntos.

John: We should send the landlord an email. If he answers, we can go look at the apartment together.

Janelle: Sí, por favor ven conmigo. Muchas gracias por toda tu ayuda John. Vamos a enviarle un correo electrónico, y sigamos buscando.

Janelle: Yes, please come with me. Thank you so much for all of your help John. Let's email him, and keep looking.

Talking about retirement
Hablando de la jubilación

***Bob: Oye Stella. Solía pensar que la jubilación sería muy dura mientras estaba trabajando, pero resulta que en realidad es lo mejor. ***

Bob: Hey Stella. I used to think retirement would be really tough while I was working but it turns out it is actually the best thing.

***Stella: Honestamente, Bob, no puedo creer que realmente esté diciendo esto, ¡pero la jubilación es genial! ***

Stella: Honestly, Bob. I can't believe I'm actually saying this, but retirement rocks!

***Bob: ¡Sí, Stella! Ambos estamos en la misma página. La jubilación es realmente genial. Si empezamos a mencionar los beneficios, creo que nos quedaremos aquí para siempre. ***

Bob: Yes Stella! We are both on the same page. Retirement is actually really cool. If we start mentioning the benefits, I think we'll be here forever.

***Stella: Estoy de acuerdo contigo. No tengo que poner una alarma para perturbar mi sueño tan pronto como a las 7 de la mañana. El otro día, dormí hasta las 11 de la mañana. Me sentí tan bien cuando me desperté. ***

Stella: I agree with you. I don't have to set an alarm to disturb my sleep as early as 7am. The other day, I slept till 11am. I felt so great when I woke up.

***Bob: ¿No se siente genial? Puedo quedarme despierto hasta altas horas de la noche todo el tiempo que quiera, viendo todos los partidos de baloncesto disponibles. Ahora incluso veo fútbol. ***

Bob: Doesn't it feel great? I can stay awake late in the night for as long as I want, watching all the Basketball games available for viewing. I even watch soccer now.

***Stella: Espera, ¿no odiabas mucho el fútbol hace tiempo? ***

Stella: Wait, didn't you really hate soccer back in the day?

***Bob: (Risas) Tienes razón, pero la jubilación me ha dado tiempo suficiente para analizar el deporte y ser sincero contigo, ahora me encanta. ***

Bob: (Laughs) You're right but retirement has given me enough time to really analyze the sport and, to be really honest with you, I now love it.

***Stella: No lo dices en serio. ***

Stella: You're not serious.

***Bob: Ahora tengo incluso un futbolista favorito, Lionel Messi. Creo que es el mejor jugador de fútbol de todos los tiempos. ***

Bob: I even have a favorite footballer now, Lionel Messi. I believe he's the greatest soccer player of all time.

***Stella: La jubilación ha cambiado mucho sobre nosotros. Imagina esto también... no trabajamos, pero aun así nos pagan (risas... Dios bendiga los servicios de pensiones. ***

Stella: Retirement has really changed a lot for us. Imagine this too...we don't work but we still get paid (laughs)... God bless pension services.

***Bob: (Risas) Esa es la mejor parte. Me siento en casa todo el día, pero aun así me pagan. ¡¿Puede haber algo mejor que esto?! ***

Bob: (giggles) That's the best part. I sit at home all day but still get paid. Can it get any better than that?!

***Stella: Honestamente, no creo. Mejor me voy, Bob. Tengo que ir al supermercado. ***

Stella: Honestly, it can't. I better get going, Bob. I have to get to the supermarket.

***Bob: Muy bien. Hasta luego, Stella. ***

Bob: Alright. Bye, Stella.

***Stella: Que tengas un buen día, Bob. ***

Stella: Have a nice day, Bob.

Preparing for a night out
Preparándose para salir por la noche

***Jasper: Hoy va a ser un día increíble, Char. ¡Salgamos a ver esa película! ***

Jasper: Today is going to be awesome, Char. Let's go out there and see that movie!

***Charlotte: (Risas) Tómate un calmante, Jasper. Pareces un poco demasiado emocionado. Es sólo una noche de cine. ***

Charlotte: (Chuckles) Take a chill pill, Jasper. You seem a little bit over excited. It's just a night out at the movies.

***Jasper: No puedes culpar mi entusiasmo. Hemos estado en esa escuela durante tantos meses, resolviendo tantas preguntas de matemáticas y física que no tuvimos tiempo para divertirnos. Parecía que estábamos en la cárcel. ***

Jasper: You can't blame my enthusiasm. We have been at that school for so many months, solving so many mathematics and physics questions that we've had no time for fun. It felt like prison.

***Charlotte: Tienes razón. Nos hemos convertido en nerds en el lapso de pocos meses. Creo que ahora estoy en tu onda. ¡Vamos a divertirnos un poco! ***

Charlotte: You're right. We've become nerds in the space of few months. I think I'm on your page now. Let's go and have some fun!

***Jasper: Ese es el espíritu, Char. Prepara las palomitas mientras yo preparo los refrescos. Voy a traer más que suficientes refrescos para noquearnos. ***

Jasper: That's the spirit, Char. Get the popcorn ready while I get the sodas ready. I'm going to bring more than enough sodas to knock us out.

***Charlotte: Sí, sí, capitán. Las palomitas de maíz vienen enseguida. Los refrescos.... Me encantan los refrescos. Consigue todos los que puedas. ***

Charlotte: Aye aye Captain. Popcorn coming right up. The sodas… I love sodas. Just get as many as you can.

***Jasper: Creo que también deberíamos comprar pizzas y hamburguesas. Vamos a disfrutar de esta noche al máximo. ***

Jasper: I think we should also get pizzas and hamburgers. We're going to enjoy this night to the full.

***Charlotte: (Risas) Jasper, tómate un momento, cálmate y piensa. Sigues mencionando estos alimentos dulces, hermosos y deliciosos, pero te olvidas de algo. ¿Quién paga la cuenta? Estamos cerca de la quiebra (imita el llanto). ***

Charlotte: (Laughs) Jasper, take a moment, calm down and think. You keep mentioning these sweet, beautiful and delicious foods but you've forgotten something. Who's footing the bill? We're close to broke (imitates crying).

***Jasper: (Sonríe descaradamente) Tengo la tarjeta de crédito de mamá. ***

Jasper: (Smiles cheekily) I have Mum's credit card.

***Charlotte: ¡Cállate, Jasper! ¿Lo dices en serio? Esto es increíble. Eres un gran planificador. ***

Charlotte: Shut up, Jasper! Do you mean it? This is so awesome. You are such a master planner.

***Jasper: Lo sé, ¿verdad? Soy tan bueno en cosas como éstas. ¿Qué estás esperando, Char? Vístete y hagamos que esta noche sea memorable. ***

Jasper: I know right? I'm so good at stuff like this. What are you waiting for, Char? Get dressed and let's make tonight memorable.

***Charlotte: Claro. ¡Vamos a vestirnos! ***

Charlotte: Sure. Let's get dressed!

Asking advice or counseling (for professional/career) Pidiendo consejos o asesoramiento (profesional o vocacional)

***Racheal: ¿Cómo estás, Bryan? Esta vez viniste un poco antes. ¿Cómo estuvo tu noche? Espero que hayas dormido bien. ***

Racheal: How are you, Bryan? You came a little earlier this time around. How was your night? Hope you slept well?

***Bryan: Estoy bien, señora. Mi noche fue increíble y en cuanto a por qué vine antes de lo esperado, empecé a tener estos nervios anoche. ***

Bryan: I'm doing fine ma'am. My night was unbelievable and as for why I came earlier than expected, I started getting these jitters last night.

***Racheal: De acuerdo, Bryan. Tomémoslo con calma. Respira hondo. ***

Racheal: Okay Bryan. Let's take this slowly. Take a deep breath.

***Bryan: (Respira profundamente) De acuerdo señora. ***

Bryan: (Breathes deeply) Okay ma'am.

***Racheal: Eso es bueno, Bryan. Dijiste que anoche empezaste a ponerte nervioso. Por nerviosismo, ¿qué quieres decir realmente? ***

Racheal: That's good Bryan. You said you started getting jitters last night. By jitters, what do you really mean?

***Bryan: Me desperté esta mañana con estos sentimientos de ansiedad. Podía sentir mi corazón latiendo con fuerza en mi pecho. Como si fuera literalmente una carrera. ***

Bryan: I woke up this morning with these anxious feelings. I could feel my heart pounding in my chest. Like, it was literally racing.

***Racheal: Siento mucho oír eso, Bryan. Sucede a veces cuando la gente se estresa mucho. ¿Qué actividades has estado haciendo en la escuela? ***

Racheal: I'm so sorry to hear that, Bryan. It happens at times when people get very stressed. What activities have you been doing in school?

***Bryan: No mucho. Llego a la escuela temprano en la mañana alrededor de las 8 de la mañana. Luego, tengo todas las clases y participo activamente. Después de la escuela, me voy a casa directamente. ***

Bryan: Nothing much. I get to school early in the morning around 8am. Then, I go through every class normally, participating actively. After school, I get home immediately.

***Racheal: Hmm… Eso parece una rutina normal. Eso no puede estresarte. ¿Estás seguro de que me lo estás contando todo? Piensa muy bien. Tómate tu tiempo. ***

Racheal: Hmm… That seems like a regular routine. That cannot get you stressed. Are you sure you're telling me everything? Think very hard. Take your time.

Bryan: (permanece mudo por 2 minutos) ¡Oh sí, señora! Me uní al equipo de fútbol hace dos meses. Así que juego al fútbol después de la escuela, todos los viernes.

Bryan: (Remains mute for 2 minutes) Oh yes ma'am! I joined the football team two months ago. So, I play football after school, every Friday.

***Racheal: Bien, estamos progresando. ¿Cómo te sientes después de tus partidos de fútbol? ***

Racheal: Okay, we're making progress. How do you feel after your football matches?

Bryan: Muy cansado y fatigado. Me quedo dormido inmediatamente en cuanto llego a casa.

Bryan: Very tired and fatigued. I fall asleep immediately I get home.

***Rachael: Eso es. Creo que tienes que suspender estas actividades futbolísticas durante el próximo mes y comprobar si hay mejoras en tu estado. Trata de vivir una vida sin estrés y trata de no preocuparse por nada. Nuestra próxima cita debería ser el primer jueves del mes que viene. ***

Rachael: So, that's it. I think you need to suspend these football activities for the next month and check for improvements in your condition. Try to live a stress-free life and try not to worry about anything. Our next appointment should be on the first Thursday of next month.

***Bryan: Muchas gracias, señora. Siempre me siento mejor compartiendo mis sentimientos con usted.**

Bryan: Thanks a lot, ma'am. I always feel better sharing my feelings with you.

***Racheal: De nada, Bryan. Adiós. Que tengas un buen día libre de estrés. ***

Racheal: You're welcome, Bryan. Bye. Have a nice, stress-free day.

***Bryan: Hasta luego señora. ***

Bryan: Bye ma'am.

Asking advice or counseling (personal relationship)
Pidiendo consejos (Relaciones personales)

Sandra: Disculpe señorita West

Sandra: Excuse me Miss West.

Señorita West: Sí, **Sandra. ¿Cómo puedo ayudarte?**

Miss West: Yes, Sandra. How may I help you?

Sandra: Si usted es la consejera estudiantil, no tiene permitido decirle a nadie lo que nosotros hablemos. ¿Correcto?

Sandra: If you are the student counselor, you are not allowed to tell anyone what we discuss. Is that right?

Señorita West: Sí, Sandra. Aún si no fuera el consejero escolar, no traicionaría la confianza de nadie. ¿En qué te puedo ayudar?

Miss West: Yes, Sandra. Even if I was not the counselor, I would not betray anyone's trust. How can I help?

Sandra: El problema es que Martín Edwards y Billy Spencer me han invitado a salir. Ambos me gustan y no sé a quién aceptarle la invitación. Además, no estoy segura si quiero empezar a tener citas. Sólo tengo catorce años.

Sandra: The problem is both Martin Edwards and Billy Spencer have asked me out. I like them both and don't know whose invitation to accept. Also, I am not sure if I want to start dating. I am only fourteen.

Señorita West: Sí. **Es un poco prematuro para salir en citas.**

Miss West: Yes. It is a little young to be going on a date.

Sandra: Yo sé que todos piensan que Billy es ruidoso y maleducado, pero él siempre es bueno conmigo. Martin es un chico agradable, pero es un poco aburrido. Billy es mucho más interesante.

Sandra: I know everyone thinks Billy is loud and rude, but he is always nice to me. Martin is a nice guy, but he is a little boring. Billy is much more interesting.

Señorita West: Sí, puedo ver por qué las chicas podrían encontrar a Billy mucho más interesante.

Miss West: Yes, I can see why girls might find Billy interesting.

Sandra: ¿Qué cree que debería hacer, señorita West?

Sandra: What do you think I should do, Miss West?

Señorita West: ¿Quieres pasar tiempo con ambos chicos?

Miss West: Do you want to spend time with both boys?

Sandra: Sí, pero no quiero que la gente piense que soy el tipo de chica que sale con muchos chicos.

Sandra: Yes, but I don't want other people to think I am the kind of girl that goes with a lot of different boys.

Señorita West: Si yo estuviera en tu lugar, sería honesta con ambos. Les diría, por separado, que tú solamente quieres salir con ellos como amigos.

Miss West: If it were me, I would be honest with both of them. Tell them separately that you want to go out as friends only.

Sandra: ¿Se refiere a contarle a Martin sobre Billy y a Billy sobre Martin?

Sandra: You mean tell Martin about Billy and Billy about Martin?

Señorita West: Sí. No es bueno hacer algo a las espaldas de las personas.

Miss West: Yes. It is not good to do things behind people's backs.

Sandra: Supongo que tiene razón.

Sandra: I guess you're right.

Señorita West: Después de que ya hayas salido a tomar un café o a ver una película, puedes decidir si quieres ver a alguno de ellos de nuevo.

Miss West: After you have been out for a coffee or to a movie, you can decide if you want to see one of them again.

Sandra: Gracias, Señorita West. Suena como un buen consejo.

Sandra: Thank you, Miss West. That sounds like good advice.

Señorita West: Espero que todo vaya bien.

Miss West: I hope everything works out OK.

Introduce someone
Presentar a alguien

Carol: Oye Bob, ¿Como va todo?

Carol: Hey Bob, how's it going?

Ben: Hola Carol, qué bueno verte. Me ha ido bien. ¿Cómo estás?

Ben: Hello Carol, great to see you. I've been doing just fine. How are you?

Carol: Yo estoy bien, gracias. Me gustaría que conozcas a mi sobrino, Alan.

Carol: I'm great, thanks. I'd like you to meet my nephew, Alan.

Ben: Hola Alan, encantado de conocerte.

Ben: Hi Alan, pleased to meet you.

Carol: Alan, este es mi compañero Ben, trabajamos juntos.

Carol: Alan, this is my colleague Ben, we work together.

Alan: Encantado de conocerte también. ¿Cuánto tiempo llevan trabajando juntos?

Alan: Pleased to meet you too. How long have you been working together?

Ben: De hecho, ya hace algún tiempo. Carol y yo nos conocimos el primer día de trabajo. Nos pusieron como equipo desde el principio.

Ben: For quite some time actually. Carol and I met on the first day at work. We were put together as a team from the start.

Alan: Guau, ¡eso está genial!

Alan: Wow that's great!

Ben: Entonces Alan, ¿de dónde eres?

Ben: So, Alan, where are you from?

Carol: Alan es originario de Nebraska, y yo también. Crecimos juntos.

Carol: Alan is originally from Nebraska, so am I. We grew up together.

Alan: Sí, solíamos salir todo el tiempo antes de que Carol se mudara a Nueva York. Ahora raramente nos vemos.

Alan: Yes, we used to hang out all the time before Carol moved to New York. Now we rarely see each other.

Ben: ¡Siento escuchar eso! ¿Qué te trae a Nueva York?

Ben: I'm sorry to hear that! What brings you to New York?

Alan: Tengo una entrevista de trabajo mañana, así que me estoy quedando con Carol por unos días.

Alan: I have a job interview tomorrow morning, so I'm staying with Carol for a few days.

Ben: ¡Eso está genial! Realmente espero que te den el trabajo.

Ben: That's great! I really hope you get the job.

Carol: ¡Yo igual! Así podríamos salir un poco más.

Carol: Me too! Then we could hang out much more.

Alan: Gracias ¡Eso también me encantaría!

Alan: Thanks, I'd love that too!

Valentine's day
Día de San Valentín

Andy: El día de San Valentín está a la vuelta de la esquina. ¿Tienes algún plan para ese día?

Andy: Valentine's Day is coming up. Do you have any plans for the day?

Jim: Pues estaba planeando llevar a mi novia a cenar, pero aún no he hecho la reserva. ¿Y tú?

Jim: Well I was planning to take my girlfriend out for dinner, but I still haven't made a reservation. What about you?

Andy: Tengo una cita especial planeada. Primero, la voy a sorprender con algunas flores, chocolate y joyería. Y luego iremos al cine. Después de eso, daremos un paseo hasta nuestro restaurante favorito. ¿Qué piensas?

Andy: I have a special date planned. First, I'm going to surprise her with some flowers, chocolate and jewellery, and then we're going to go to the cinema. After that, we're going to take a walk to our favourite restaurant. What do you think?

Jim: ¡Creo que disfrutarás mucho! De todas maneras, yo pienso que el día de San Valentín está sobrevalorado en estos días. ¿Estás de acuerdo?

Jim: I think you'll have a great time! Anyway, I think that Valentine's Day is a bit overrated these days, don't you agree?

Andy: ¡Definitivamente! Hoy en día más que nada se asocia con corazones, amor y dar tarjetas y regalos. Apuesto a que la mayoría de las personas realmente no saben lo que están celebrando.

Andy: Absolutely! Nowadays it is mostly associated with hearts, love and giving cards and presents. I bet that most the people don't really know what they are celebrating.

Jim: ¡Eso es cierto! No estoy seguro de cómo la gente empezó a celebrar el día de San Valentín…

Jim: That's true! I'm not really sure how people started celebrating Valentine's Day...

Andy: Bien. Hay muchas teorías diferentes acerca del día de San Valentín. Algunos dicen que en tiempos de los romanos Valentín era un sacerdote que celebraba matrimonios en secreto ya que estaban prohibidos. Otros dicen que Valentín ayudó a los prisioneros romanos a escapar.

Andy: Well, there are many different theories about Valentine's Day. Some say that in Roman times Valentine was a priest who performed marriages in secret, since they were forbidden. Others say that Valentine helped Christians escape Roman prisons.

Jim: Entonces, ¿cómo se llegó a asociar con el romance y el amor?

Jim: So, how did it become associated with romance and love?

Andy: Pues se cree que Valentín desde la cárcel envió la primera "carta de San Valentín" a una chica de la que se enamoró. Él escribió una carta firmada "de tu Valentín" y es por eso que usamos esa frase en estos días.

Andy: Well it is believed that imprisoned Valentine sent the first "Valentine's card" himself to a girl that he fell in love with. He wrote her a letter signed "From your Valentine", and that's why we use that phrase today.

Jim: Guau ¡Esa si es una buena historia! Definitivamente se la contaré a mi novia en nuestra cita.

Jim: Wow that's a great story! I'm definitely telling it to my girlfriend on our date!

Andy: También asegúrate de darle algunas rosas y una tarjeta.

Andy: Just make sure you give her some roses and a card too!

Asking about dream/goals (casual conversation with a friend) Preguntas sobre sueños/objetivos (conversación casual con un amigo)

Amigo 1: Me he estado preguntando recientemente qué debo hacer con mi carrera, estoy confundido en este momento. ¡Estoy un poco celoso de que estés persiguiendo tu sueño de la infancia!

Friend 1: I have been wondering recently what I should do with my career, I'm confused at the moment. I am a bit jealous of you pursuing your childhood dream!

Amigo 2: Es cierto, siempre quise ser un cirujano.

Friend 2: It's true I've always wanted to be a surgeon.

Amigo 1: No sé cuál sería el trabajo de mis sueños, pero por lo menos sé qué trabajos no me gustaría hacer para nada.

Friend 1: I don't know what my dream job would be, but I know of some jobs I wouldn't want to do for sure.

Amigo 2: Es un comienzo, cuando eras niño, ¿no tenías un trabajo con el que soñabas?

Friend 2: That's a start, when you were a kid didn't you have a dream job?

Amigo 1: Oh, pasé por muchas fases: hasta donde puedo recordar, primero quise ser bombero, luego cambié a explorador, en la escuela media me propuse ser veterinario, y luego ser abogado en la escuela secundaria, pero como sabes, el primer año de derecho no me fue muy bien.

Friend 1: Oh, I went through so many phases: as far as I can remember I first wanted to become a firefighter, later it changed to explorer, in middle-school I was set on becoming a vet, and then on becoming a lawyer in high-school but, as you know, the first year of law school didn't go so well for me.

Amigo 2: Todos son muy diferentes, entiendo que ahora estás un poco inseguro. Qué hay de tu estilo de vida, entonces podrías encontrar un trabajo que encaje con eso, ¿tienes alguna meta?

Friend 2: Those are all very different, I understand that you are a bit unsure now! How about life-style, then you could find a job that works with that, so do you have any goals?

Amigo 1: Sé que quiero asentarme algún día y tener una familia, pero por ahora creo que me gustaría tomarme un tiempo para viajar y tal vez incluso trabajar en el extranjero por un tiempo.

Friend 1: I know I want to settle down some day and have a family, but for now I think I would like to take time to travel and maybe even work abroad for a bit.

Amigo 2: Eso suena emocionante y aventurero, soy mucho menos valiente de lo que tú eres, creo.

Friend 2: That sounds exciting and adventurous, I am much less brave than you are, I think.

Amigo 1: Aún así, eres ambicioso y eso es bueno. ¿Qué otras cosas te gustaría hacer aparte de tu carrera médica?

Friend 1: Still, you are ambitious and that's good. What about other things you would want to do aside from your medical career?

Amigo 2: Construir mi propia casa y adoptar algunas mascotas, tal vez incluso conseguir un caballo si vivo en el campo, ya sabes cómo me gusta montar a caballo.

Friend 2: Build my own house and adopt a few pets, maybe even get a horse if I live in the countryside, you know how I'm into horse riding.

Amigo 1: Sí, ¡esa es tu segunda pasión!

Friend 1: Yes, that's your second passion!

Sharing a business idea
Compartiendo una idea de negocios

Joe: Sam.

Joe: Sam.

Samantha: Sí, Joe.

Samantha: Yes, Joe.

Joe: Tengo una idea. Tú sabes cómo odio mi empleo en la fábrica de carnes.

Joe: I have an idea. You know how much I hate my job in the meat factory.

Samantha: Sí, pero al menos es un trabajo. La economía no está tan bien en este momento.

Samantha: Yes, but at least it is a job. The economy is not that good at the moment.

Joe: Lo sé, pero he estado investigando un poco. No hay nadie en este pueblo o en cualquiera de los pueblos vecinos que ofrezca un servicio de jardinería o de trabajos eventuales. Tú sabes, como ayudar en la decoración, deshacerse de cosas que las personas no quieren, trabajos como esos.

Joe: I know, but I have been doing some research. There is no one in this village or any of the neighboring villages that offers a gardening or odd-job service – you know, help with decorating, disposing of things people don't want, and jobs like that.

Samantha: ¿De verdad?. No me había dado cuenta de eso. Tú **siempre haces todo lo que necesitamos hacer.**

Samantha: Really. I have never noticed that. You always do everything that we need doing.

Joe: Lo sé. También hago la jardinería en el jardín de tu madre y siempre están contentas con mi trabajo.

Joe: I know. I also do your mum's garden and they are always happy with what I do.

Samantha: ¿Estás sugiriendo empezar tu propio negocio de jardinería y de trabajos eventuales? ¿De verdad crees que podrías vivir de ello?

Samantha: Are you suggesting you start your own gardening and odd-job business? Do you really think you could make a living from it?

Joe: Pienso que sí. Ya tengo todo el equipo que necesito para jardinería, y Pete, el vecino, dice que me puede vender su camioneta por $2,000. Él dice que puedo pagarle semanalmente.

Joe: I do. I have got all of the equipment I need for gardening, and Pete next door says I can have his van for $2,000. Better still, he says I can pay him for it weekly.

Samantha: Y tú conoces mucha gente en el pueblo.

Samantha: And you do know a lot of people in the village.

Joe: Sí, y pensé que tú podrías ayudarme preparando unos folletos para ponerlos en los buzones de las personas. También podrías ayudarme para preparar una lista de precios con todos los trabajos que puedo hacer.

Joe: Yes, and I thought you could help by preparing some leaflets to put in people's letterboxes. You could also help me prepare a price list for all the jobs I could do.

Samantha: ¿Qué hay de cosas como pagar impuestos?

Samantha: What about things like paying tax?

Joe: Mi hermano dice que él me ayudará con los impuestos gratis.

Joe: My brother says he will help me with my taxes for free.

Samantha: Parece que tienes todo resuelto.

Samantha: It seems as if you have everything figured out.

Joe: Pensé que le daría un año. Si no va muy bien, siempre podría volver a la fábrica.

Joe: I thought I would give it a year. If things don't go so well, I could always go back to the factory.

Samantha: Es un poco arriesgado, pero creo que estarías más feliz trabajando fuera por tí mismo.

Samantha: It is a bit risky, but I guess you would be happier working outside and for yourself.

Joe: Entonces ¿me ayudarás a empezar a trabajarlo?

Joe: So, you will help me get started?

Samantha: Sí, será divertido.

Samantha: Yes. It will be fun.

Recommendation for a movie
Recomendación para una película

***Alice: Hola Lucy, de verdad quiero ir al cine, perono sé qué película quiero ver.**

Alice: Hello Lucy, I really want to go to the cinema, but I don't know what movie I want to watch?

***Lucy: Esa es una decisión difícil ya que hay muchas buenas películas en este momento.** ¿Qué películas te gusta ver?

Lucy: That is a hard choice as there are a lot of good movies out at the moment. What movies do you like to watch?

***Alice: Mis películas favoritas son las de terror.**

Alice: My favourite films are horror movies.

***Lucy: No están pasando películas de terror ahora mismo.**

Lucy: There are no horror movies right now.

***Alice: Lo sé, normalmente espero hasta Halloween para ver películas de terror.**

Alice: I know, I usually have to wait until Halloween for horror movies.

***Lucy: ¿Hay otras películas que te gusten?**

Lucy: Are there any other movies you like?

***Alice: Realmente me gustan las películas de Marvel, pero tengo que esperar unas cuantas semanas para que estrenen la siguiente.**

Alice: I really like Marvel movies, but I have to wait a few more weeks for the next one to be released.

***Lucy: Está bien, ¿te gustan las comedias románticas? Sé que hay algunas de esas disponibles en este momento.**

Lucy: Okay, do you like romantic comedies? I know there are a few of those movies out now?

***Alice: No, no me gustan.**

Alice: No, I don't like them.

***Lucy: De acuerdo, ¿qué hay de las películas de Disney?**

Lucy: Okay, what about Disney movies?

***Alice: Sí, me gustan algunas películas de Disney, ¿Están pasando alguna de esas hoy en el cine?**

Alice: Yes, I do like some Disney movies, are there any playing at the cinema today?

***Lucy: No estoy segura, podrías revisar en tu teléfono.**

Lucy: I am not sure, you could check on your phone.

***Alice: Déjame revisar. ¡Sí,acaban de estrenar la nueva película del Rey León!**

Alice: Let me check. Yes, the new Lion King film has just been released!

***Lucy: ¡Eso es genial! El Rey León era mi película favorita de Disney cuando era más joven.**

Lucy: That is great! The Lion King was my favourite Disney film when I was younger.

***Alice: ¡La mía también! ¿Podemos ir juntas?**

Alice: Same! Shall we go together?

***Lucy: Sí, vamos y la vemos esta noche.**

Lucy: Yes, let's go and see it this evening.

***Alice: Eso suena genial,¿a qué hora quieres ir?.**

Alice: That sounds like a good idea, what time?

***Lucy: Prefería ir más tarde en la noche.**

Lucy: I would prefer to go later in the evening.

***Alice: Eso está bien. Hay una sesión a las 8:30pm.**

Alice: That is okay. There is one at 8.30pm?

***Lucy: Sí, esa es una buena hora.**

Lucy: Yes, that is a good time.

***Alice: De acuerdo, la voy a reservar. ¡Gracias por la recomendación, Lucy!**

Alice: Okay, I will book it. Thanks for the recommendation, Lucy!

Recommendation for a book
Recomendación para un libro

Librero: Hola señor, ¿puedo ayudarle en algo?

Bookseller: Hello sir, can I help you with anything?

Cliente: Sí, en realidad, estoy buscando un libro para regalar a un amigo para su cumpleaños, pero no estoy muy seguro de qué regalarle.

Customer: Yes actually, I am looking for a book I could give my friend for his birthday, but I'm not quite sure what to get him.

Librero: ¿Tiene algún género en mente que piense que le gustaría? Tenemos todo tipo de novelas: clásicas, de ciencia ficción, de crimen…

Bookseller: Do you have any genre in mind you think he would like? We have all kinds of novels: classics, science fiction, crime…

Cliente: Sé que lee muchas historias de crímenes, así que algo así estaría bien, pero tendría que ser un poco menos conocido o muy reciente, algo que aún no haya leído.

Customer: I know he reads a lot of crime stories, so something like that would be good but it would have to be a bit less well known or very recent, something he hasn't already read.

Librero: Tenemos este: acaba de ser traducido del noruego, es muy acelerado, con una atmósfera poderosa y el estilo de escritura es inusual, por lo que podría ser una elección original. Si no, veamos, esta es la última novela de Harlan Coben, probablemente una elección más segura.

Bookseller: We have this one: it's just been translated from Norwegian, it is very fast paced, with a powerful atmosphere and the writing style is unusual, so that could be an original pick. Otherwise, let's see, this is Harlan Coben's latest novel, probably a safer pick.

Cliente: Creo que me decantaré por el noruego.

Customer: I will go for the Norwegian one, I think.

Librero: De acuerdo. Además también tenemos de no ficción, cosas como libros de cocina, libros de autoayuda, o biografías y ensayos.

Bookseller: Ok, then we also have non-fiction, so things like cookery books, self-help books, or biographies and essays.

Cliente: Esto podría ser una opción también, mi amigo está interesado en la historia del Renacimiento italiano, de hecho. ¿Tendrías algo para recomendarme?

Customer: This could be an option as well., My friend is interested in Italian Renaissance history actually. Would you have anything to recommend?

Librero: Está ésta nueva biografía de Maquiavelo que está yendo muy bien, está pensada para que sea agradable tanto para los especialistas como para las personas que están descubriendo al hombre.

Bookseller: There is this new Machiavelli biography that has been doing very well, it is meant to be enjoyable both for specialists and people who are discovering the man.

Cliente: Sí, recuerdo que él me lo mencionó.

Customer: Yes, I remember that he mentioned him.

Librero: ¿Qué piensa usted que le gustaría más?

Bookseller: What do you think he would like best?

Cliente: ¡Me llevaré ambos! Gracias por la ayuda.

Customer: I will take both! Thanks for the help.

Librero: Buena elección, serían 31 libras en total, por favor. ¿Asuo que los quieres envueltos para regalo?

Bookseller: Good choice, that will be £31 in total please. I assume you want them gift-wrapped?

Cliente: Sí, eso sería genial, por favor.

Customer: Yes, that would be brilliant please.

Librero: Aquí tiene, ¡y este es su recibo!

Bookseller: Here you go, and this is your receipt!

Cliente: ¡Gracias de nuevo por el consejo! ¡Hasta luego!

Customer: Thanks again for the advice! Goodbye!

Librero: ¡De nada! ¡Hasta luego!

Bookseller: You are welcome! Bye!

Picking a course at the university
Eligiendo un curso universitario

***Hannah: Hola George, ¿ya decidiste a qué curso universitario aplicarás?**

Hannah: Hello George, have you decided which university course to apply for yet?

***George: Todavía no, no puedo decidirme entre geografía y química.**

George: Not yet, I can't decide between geography and chemistry.

***Hannah: Esa una dura elección. Ambas son materias muy diferentes, George.**

Hannah: That is a hard choice. They are very different subjects, George.

***George: Lo sé, puedo obtener un trabajo con más ingresos si escojo química, pero prefiero geografía.**

George: I know, I can get a higher paid job if I take chemistry, but I prefer geography.

***Hannah: Creo que deberías escoger el curso que te haga feliz.**

Hannah: I think you should choose the course that makes you happy,

***George: Tienes razón, pero me parece difícil escoger a qué universidad aplicar también.**

George: You are right, but I am finding it hard to choose which universities to apply to.

***Hannah: ¡Eso es casi tan importante como el curso!**

Hannah: That is just as important as the course!

***George: Eso es verdad; estaba pensando en aplicar a Oxford.**

George: That is true; I was thinking of applying to Oxford.

***Hannah: ¡Deberías, eres muy inteligente, George!**

Hannah: You should, you are really smart, George!

***George: Gracias, ¡pero pienso que ahora mismo preferiría estudiar en una universidad en Londres!**

George: Thank you, but I think I would rather study at a London university now!

***Hanna: ¿Por qué cambiaste de parecer, George?**

Hannah: Why have you changed your mind, George?

***George: Prefiero vivir en grandes ciudades, y tendré menos presión estudiando.** ¿Ya decidiste tu curso, Hannah?

George: I prefer to live in big cities, and it will be a lot less pressure studying. Have you decided on your course, yet, Hannah?

***Hannah: Estaba pensando en tomar biología, pero no tengo buenas calificaciones en biología recientemente.**

Hannah: I was thinking of taking biology, but I haven't had good grades in biology recently.

***George: ¿Ahora quieres estudiar otra materia?**

George: Do you want to study another subject now?

***Hannah: Sí, ahora quiero estudiar psicología.**

Hannah: Yes, I want to study psychology now.

***George: Psicología es una buena elección. Hay muchos trabajos a los que puedes optar con un título en psicología.**

George: Psychology is a good choice. There are lots of jobs you can apply for with a psychology degree.

***Hannah: ¡Eso es verdad, George!**

Hannah: That is true, George!

***George: ¿Dónde te gustaría estudiar psicología, Hannah?**

George: Where would you like to study psychology, Hannah.

***Hannah: La verdad es que quiero estudiar en Escocia, se ve muy hermosa, y hay algunas buenas universidades.**

Hannah: I really want to study in Scotland, it seems so beautiful, and there are some good universities in Scotland.

***George: ¡Eso es verdad! Buena suerte con tus aplicaciones.**

George: That is true! Good luck with your applications.

***Hannah: Gracias George, ¡buena suerte con las tuyas también!**

Hannah: Thanks George, good luck with yours too!

Giving money to charity
Dando dinero para caridad

Madison: Charles, ¿alguna vez has dado dinero para caridad?

Madison: Charles, do you ever give money to charity?

Charles: Sií lo hago. A veces, cuando estoy de compras, dono dinero en la caja registradora. Y en Navidad siempre dono comida al banco de comida y juguetes para niños.

Charles: Yes, I do. Sometimes, when I'm out shopping I donate money at the cash register. And at Christmas, I always donate food to the food bank and toys for children.

Madison: Quiero hacer una donación para caridad, pero hay tantas diferentes. ¿Cómo decides a qué organización caridad le das tu tiempo y donación?

Madison: I want to make a donation to charity, but there are so many different charities. How do you decide which one to give your time and money to?

Charles: Bueno, piensa sobre los problemas que te importan. Es un buen lugar para comenzar. Yo dono comida a unidades de comida local porque me importa la gente sin hogar en nuestro pueblo.

Charles: Well, think about the problems you care about. That's a good place to start. I donate food to local food banks because I care about the homeless people in our town.

Madison: ¿Hay alguna organización caritativa a la que recién hayas hecho una donación?

Madison: Are there any charities you just donate money to?

Charles: Por supuesto. Yo dono dinero a la sociedad americana del cáncer. Mi tía tiene cáncer, así que elegí la sociedad americana del cáncer. También le dono mi tiempo a ellos.

Charles: Of course. I donate money to the American Cancer Society. My aunt has cancer, so I chose the American Cancer Society. I also donate my time to them.

Madison: Hmm, eso es interesante. Siento escuchar lo de tu tía.

Madison: Hmm, that's interesting. I'm sorry to hear about your aunt.

Charles: Está bien. Así que, ¿qué es lo que te importa en el mundo?

Charles: It's okay. So, what do you care about?

Madison: Bueno, me importa mucho el medio ambiente y la educación. Probablemente podría donar dinero y suministros a las escuelas locales y a la biblioteca pública.

Madison: Well, I care about the environment. And education. Maybe I can donate money and supplies to local schools and the public library.

Charles: Esas parecen causas geniales para donar dinero. Realmente ayudarás a muchos niños en nuestra comunidad.

Charles: Those sound like great causes to donate money to. You will really help kids in our community.

Madison: ¿Cuánto dinero donas? ¿Y qué tan a menudo haces donaciones para caridad?

Madison: How much money do you donate? And how often do you donate money to charity?

Charles: Yo dono $20 cuatro veces al año. No es mucho, pero pienso que es mejor que no donar nada.

Charles: I donate $20 four times a year. It isn't much, but I think it is better than not donating at all.

Madison: Gracias, Charles. Esto fue muy útil. Esta noche buscaré diferentes organizaciones caritativas en la ciudad y decidiré a cuáles me gustaría hacerles una donación.

Madison: Thank you, Charles. That was so helpful. Tonight, I am going to look up different charities in town and decide which ones I would like to donate money to.

At the custom office (in the airport)
En la oficina de migración (en el aeropuerto)

Oficial de migración: Discúlpeme señor. ¿Puedo preguntarle desde qué destino acaba de llegar?

Custom's Officer: Excuse me, sir, may I ask where you have just arrived from?

Viajero: Hong Kong

Traveler: Hong Kong

Oficial de migración: ¿Y cuál es el motivo de su viaje?

Custom's Officer: And what is your purpose for traveling here?

Viajero: Vivo en Taiwán, y he regresado para visitar a mi familia y amigos. ¿Hay algún problema?

Traveler: I live in Taiwan, and I have come back to visit my friends and family. Is there a problem?

Oficial de migración: No lo hay señor. Es solo un chequeo de rutina. ¿Lleva cigarrillos en cualquiera de sus maletas?

Custom's Officer: No, sir. This is just a routine check. Do you have any cigarettes in either of your bags?

Viajero: No, pero tengo una botella de whiskey que compré en una tienda libre de impuestos en el aeropuerto.

Traveler: No, but I do have a bottle of whiskey that I bought in a duty-free shop at the airport.

Oficial de migración: ¿Le importaría abrir su maleta y su bolsa pequeña señor?

Custom's Officer: Would you mind opening both your big suitcase and the small bag, sir?

Viajero: Sabe, he estado viajando a este país durante los últimos veinticinco años, y ésta es la primera vez que he sido detenido. ¿Parezco sospechoso?

Traveler: You know, I have been traveling back here for the past twenty-five years, and this is the first time I have ever been stopped. Do I look suspicious or something?

Oficial de migración: Para nada señor. Como le dije, esto es solo un chequeo de rutina. ¿Le importaría abrir ambas maletas aquí en esta mesa?

Custom's Officer: Not at all, sir. As I said, this is just a routine check. Would you mind putting both bags on this table?

Viajero: (El viajero pone ambos bolsos sobre la mesa y las abre) Ahí tienes

Traveler: [*The traveler puts both bags on the table and opens them.*] There you are.

Oficial de migración: Gracias señor. ¿Puedo preguntarle qué hay en esta caja?

Custom's Officer: Thank you, sir. May I ask what is in that box?

Viajero: Es algo de crema que mi esposa compró para una amiga de mi madre. Ella tiene problemas de circulación y cree que esta crema funciona realmente bien. Mi esposa la adquirió en una farmaciaen Taiwán, y la he estado trayendo para la amiga de mi madre durante los últimos años.

Traveler: It is some cream my wife bought for my friend's mother. She has circulation problems and finds this cream works really well. My wife got it from a regular drug store in Taiwan, and I have been bringing it to my friend's mother for years.

Oficial de migración: De acuerdo, señor.

Custom's Officer: OK, sir.

Viajero: ¿Hay algo más que quiera ver?

Traveler: Is there anything else you want to look at?

Oficial de Inmigración: No señor. Es libre de irse.

Custom's Officer: No, sir. You are free to go.

Viajero: Lo siento si sueno mal humorado. He estado viajando durante cerca de veinte horas, y estoy exhausto.

Traveler: I am sorry if I sound bad-tempered. I have been traveling for over twenty hours, and I am shattered.

Oficial de Inmigración: Yo lo entiendo señor. Espero que disfrute de su estancia aquí en el país.

Custom's Officer: I understand, sir. I hope you have a good time here.

Viajero: Gracias

Traveler: Thank you.

Having a computer issue
Problemas con el ordenador

***Joy: ¡Oh, Dios mío! Este ordenador portátil siempre me da problemas. ¿Por qué no se está encendiendo? La usé ayer para escribir mi trabajo y ahora no puedo acceder a él. ***

Joy: Oh my God! This laptop always gives me issues. Why isn't it coming on? I used it yesterday to type my term paper and now I can't access it.

***Matthew: Oye, Joy. Pareces enfadada. ¿Cuál es el problema? ***

Matthew: Hey, Joy. You seem bothered. What's the problem?

***Joy: Mi ordenador portátil es una basura. Tengo mi trabajo en él, y ni siquiera enciende. ***

Joy: My laptop is crap. I have my term paper in it, and it won't even switch on.

***Matthew: Tómate un calmante, no puede ser nada serio, considerando que la usaste anoche. Déjame echarle un vistazo. ***

Matthew: Take a chill pill, it can't be anything serious, considering you used it last night. Let me take a look at it.

***Joy: ¿Puedes arreglarlo? Significaría mucho para mí si pudieras, porque si no consigo presentar este proyecto en la próxima hora, suspenderé esta asignatura. ***

Joy: Can you fix it? It would mean the world to me if you can because if I don't get this project submitted in the next hour, I'll be getting a F in this subject.

***Matthew: No prometo nada, pero creo que debería poder hacer algo al respecto. ***

Matthew: I'm not promising anything, but I think I should be able to do something about it.

***Joy: Gracias, Matthew. Cuento contigo. ***

Joy: Thanks, Matthew. I'm counting on you.

***Matthew: De acuerdo. Entonces, ¿dijiste que usaste el ordenador portátil anoche y funcionó bien, pero ahora no funciona? ***

Matthew: Okay. So, you said you used the laptop last night and it worked properly but it's not coming on now?

***Joy: Exactamente.**

Joy: Exactly.

***Matthew: Bien. He comprobado la batería y está en perfecto estado. También revisé la pantalla y sigue respondiendo. No está dañada. ***

Matthew: Okay. I've checked the battery and it's in great condition. I also checked the screen and it's still responding. It's not damaged.

***Joy: (Suspira) Entonces, ¿cuál podría ser el problema? ***

Joy: (sigh) Then, what could be the problem?

***Matthew: Espera… ¿Estaba tu ordenador enchufado mientras la usabas? Quiero decir, ¿estabas cargándolo? ***

Matthew: Wait… Was your laptop plugged in while you were using it. Like, were you charging it?

***Joy: (Se congela por un momento) No lo creo. No, no estaba enchufado. ***

Joy: (Freezes for a moment) I don't think so. No, it wasn't plugged in.

***Matthew: Trae el cargador de tu ordenador. ***

Matthew: Bring your laptop charger.

***Joy: Ahora mismo.**

Joy: Right away.

***(Matthew enchufa el cargador y pulsa el botón de encendido de la laptop). ***

(Matthew plugs in the charger and pushes the power button of the laptop)

***(La laptop se enciende) ***

(The laptop turns on)

***Mathew: Ahí tienes. Resulta que tu batería estuvo descargada todo el tiempo. ***

Matthew: There you have it. Turns out your battery was dead the whole time.

***Joy: Diablos… Nunca pensé en eso. Me siento tonta ahora mismo. ***

Joy: Damn… I never thought of that. I feel foolish right now.

***Mathew: (Risas) No es nada. Le puede pasar a cualquiera. Date prisa y ve a presentar tu trabajo. ***

Matthew: (Chuckles) It's nothing. It can happen to anybody. Hurry up and go submit your term paper.

***Joy: Muchas gracias, Matt. Estoy muy agradecida. ***

Joy: Thank you so much, Matt. I'm grateful.

***Matthew: De nada. ***

Matthew: You're welcome.

Problemas con el ordenador
Computer issues

John: Hola, hablas con soporte técnico. Mi nombre es John y hoy le ayudaré con los problemas de su ordenador. Por favor, antes de comenzar, quiero que sepa que esta llamada podrá ser grabada para ser usada en entrenamientos. ¿Podría por favor darme su primer nombre y apellido?

John: Hello, this is Computer Tech Support. My name is John and I am going to help you with your computer issues today. Before we start, please know that this call might be recorded to be used for training. Can I get your first and last name, please?

Adam: Sí, hola. Mi nombre es Adam Greene.

Adam: Yes, hello. My name is Adam Greene.

John: De acuerdo, Adam, ¿cuál es su problema hoy?

John: Okay, Adam, what seems to be the problem today?

Adam: Estoy teniendo problemas con mi ordenador. Creo que tengo un virus. Cuando intento abrir internet, cincuenta ventanas se abren.

Adam: I am having trouble with my computer. I think I have a virus. When I try to open the internet, fifty windows open.

John: Hmm, eso es interesante. ¿Qué tipo de ordenador tienes?

John: Hmm, that is interesting. What type of computer do you have?

Adam: Tengo un ordenador Windows 2015.

Adam: I have a 2015 Windows Computer.

John: ¿Y ya has descargado las últimas actualizaciones?

John: And have you downloaded all the latest updates?

Adam: Sí, ya lo hice.

Adam: Yes, I have.

John: Está bien, Adam. Tratemos de arreglarlo. ¿Has intentado apagar tu ordenador y volver a encenderlo?

John: Okay, Adam. Let's try to fix this. Have you tried shutting your computer off and turning it back on again?

Adam: Sí, eso fue lo primero que hice.

Adam: Yes, I have. That was the first thing I did.

John: De acuerdo, y ¿has intentado cerrar tu navegador y abrirlo de nuevo?

John: Okay, and have you tried quitting your internet browser and starting it again?

Adam: Sí, ya hice eso también.

Adam: Yes, I have done that, too.

John: Está bien, Adam, parece que tu ordenador tiene un virus. ¿Tienes algún antivirus descargado en tu **ordenador?**

John: Alright Adam, it sounds like you may have a virus. Do you have any anti-virus software downloaded on your computer?

Adam: Sí, tengo.

Adam: Yes, I do.

John: ¿Cuándo fue la última vez que ejecutaste el escaneo de virus?

John: When is the last time you ran your virus scanner?

Adam: Creo que fue hace unas pocas semanas.

Adam: I think it was a few weeks ago.

John: De acuerdo, abre el antivirus y ejecuta el escaneo. Cuando termine, sigue las instrucciones para deshacerte del virus. Si es algo más, por favor llama de nuevo. ¿Hay algo más en lo que te pueda ayudar?

John: Okay, open that up and run the virus scanner. When it's finished, follow the directions to get rid of the virus. If it is something else, please call back. Is there anything else I can help you with today?

Adam: No, eso es todo. Gracias por tu ayuda.

Adam: No, that's all. Thank you for your help.

John: De nada, disfruta el resto de tu noche. Adiós.

John: You're welcome, enjoy the rest of your evening. Goodbye.

Primer día en el trabajo
First day of work

Jeffrey: ¡Me pueden prestar atención por favor! ¡Tenemos una nueva compañera de trabajo que empieza hoy! Ella es Lisa. Lisa, estos son Robert, Donna, Rachel, y Shane.

Jeffrey: Can I have everyone's attention, please! We have a new co-worker starting today! Everyone, this is Lisa. Lisa, this is Robert, Donna, Rachel, and Shane.

Rachel: ¡Bienvenida, Lisa! ¡Estamos muy emocionados de tenerte trabajando con nosotros!

Rachel: Welcome, Lisa! We are so excited to have you working with us!

Shane: Te va a encantar trabajar aquí.

Shane: You're going to love it here.

Lisa: Estupendo, muchas gracias. Estoy realmente emocionada de empezar. Siempre he soñado con trabajar aquí algún día.

Lisa: Amazing, thank you so much. I'm really excited to get started. I have always dreamed of working here some day.

Jeffrey: De acuerdo, déjame llevarte alrededor de la oficina. Ésta es la oficina principal. Aquí encontrarás papeles importantes. Los becarios trabajan en esta oficina. Si tienes alguna pregunta, le puedes preguntar a Rachel.

Jeffrey: Okay, let me show you around. This is the main office. In here, you will find important papers. The interns also work in this office. If you have questions, just ask Rachel.

Lisa: Papeles importantes y los becarios, ¡lo tengo!

Lisa: Important papers and interns. Got it!

Jeffrey: Y aquí está el armario de suministros. Todo lo que necesitas esta aquí. La llave del armario está en el escritorio de Rachel en la oficina principal.

Jeffrey: And here is the supply closet. Everything you need is in here. The key for the closet is in Rachel's desk in the main office.

Lisa: Rachel tiene la llave del armario, ¡Entendido!

Lisa: Rachel has the key to the closet, got it.

Jeffrey: ¡Y ésta es tu nueva oficina! Siéntete libre de hacer este lugar tuyo. Abajo del pasillo está el área de la cocina. Tenemos un refrigerador y un microondas. Muchos de nosotros almorzamos juntos. Eres bienvenida a unirte a nosotros. Hoy saldremos a almorzar juntos para celebrar tu primer día.

Jeffrey: And this is your new office! Feel free to make the place your own. Down the hallway there is the kitchen area. We have a fridge and a microwave. A lot of us eat lunch together outside. You are welcome to join us. Today, we'll go out to lunch to celebrate your first day.

Lisa: Maravilloso, muchas gracias. Si tengo preguntas, las haré de inmediato.

Lisa: Wonderful, thank you so much. If I have questions, I will ask right away.

Jeffrey: Excelente. Ahora, trata de iniciar sesión en tu ordenador. El usuario y la contraseña deberían estar en un pedazo de papel en tu escritorio. Una vez entres al sistema, te mostraré en qué tienes que trabajar.

Jeffrey: Excellent. Now, try logging onto your computer. The username and password should be on a piece of paper on the desk. Once you've logged in, I'll show you what to work on.

Lisa: ¡Está bien! ¡Estoy deseando empezar!

Lisa: Okay! I can't wait to get started!

St. Patrick's Day
Día de San Patricio

***Sally: ¿Conor? ***

Sally: Conor?

***Conor: Sí, Sally. ***

Conor: Yes, Sally.

***Sally: ¿Participareis tu familia y tú en las celebraciones del Día de San Patricio la próxima semana? ***

Sally: Will you and your family be taking part in the St. Patrick's Day celebrations next week?

***Conor: Sí. Es un gran día para cualquier persona de ascendencia irlandesa. ***

Conor: Yes. It is a big day for anyone of Irish descent.

***Sally: Sé que todos los irlandeses visten de verde ese día e incluso hacen que su cerveza sea verde, pero no sé mucho sobre la historia del Día de San Patricio.** ¿Quién era San Patricio? *

Sally: I know that Irish people all wear green on that day and even make their beer green, but I don't know much about the history of St. Patrick's Day. Who was St. Patrick?

***Conor: Bueno, la persona que más tarde se convirtiría en San Patricio nació en Gales hace unos diecisiete mil años, y hasta que cumplió dieciséis no creyó en Dios. Era lo que se llama un pagano. ***

Conor: Well, the person who later became St. Patrick was actually born in Wales about seventeen hundred years ago, and actually, until he was sixteen, he did not believe in God. He was what is called a pagan.

***Sally: Esa palabra significa no creyente, ¿verdad? ***

Sally: That word means non-believer – right?

***Conor: Sí. De todos modos, cuando tenía dieciséis años, fue capturado por unos ladrones irlandeses y se convirtió en un esclavo. Durante este tiempo se acercó más a Dios. ***

Conor: Yes. Anyway, when he was sixteen, he was captured by some Irish thieves and he became a slave. During this time, he became closer to God.

***Sally: Pero no veo cómo se convirtió en el principal santo de Irlanda. ***

Sally: But I do not see how he became the main saint of Ireland.

***Conor: Bueno, después de escapar de la esclavitud, se fue a Francia a estudiar en un monasterio. Muchos años después, regresó a Irlanda como Segundo Obispo. ***

Conor: Well, after he escaped from being a slave, he went to France to study in a monastery. Many years later, he returned to Ireland as Second Bishop of Ireland.

***Sally: Ahora veo la conexión. ***

Sally: Now I see the connection.

***Conor: De todos modos, creó muchas escuelas e iglesias, y la gente dice que eliminó las serpientes de Irlanda. ***

Conor: Anyway, he set up many schools and churches, and people say he chased the snakes from Ireland.

***Sally: ¿Serpientes? ***

Sally: Snakes?

***Conor: La palabra «serpientes» se usa para referirse a los no creyentes. ***

Conor: The word snakes is used to mean non-believers.

***Sally: Así que este hombre trajo el cristianismo a Irlanda. ***

Sally: So, this guy brought Christianity to Ireland.

***Conor: Sí. Así que cuando murió el 17 de marzo de 461 d.C., o eso creen algunos, se le hizo santo y ese día se celebró desde entonces. ***

Conor: Yes. So, when he died on 17 March in AD 461 – or so some people believe – he was made a saint and that day has been celebrated ever since.

***Sally: Así que ese día, los irlandeses visten de verde, tienen un gran desfile y, en general, se limitan a celebrar. ***

Sally: So, on that day, Irish people wear green, have a big parade, and generally just celebrate.

***Conor: Básicamente, sí. ***

Conor: Basically, yes.

Día de Acción de Gracias - Vocabulario, Historia y Tradiciones
Thanksgiving Day – Vocabulary, History, and Traditions

***Beth: Hola Jack. Alguien dijo que me estabas buscando. ***

Beth: Hello Jack. Someone said you were looking for me.

***Jack: Estaba, quiero decir, estoy. Me preguntaba si podrías ayudarme con mi tarea de sociología. ***

Jack: I was, I mean, I am. I was wondering if you could help me with my sociology assignment.

***Beth: Me encantaría. ¿Cuándo quieres que nos veamos? ***

Beth: I would love to. When do you want to meet?

***Jack: ¿Estás libre mañana? ***

Jack: Are you free tomorrow?

***Beth: Lo siento, como mañana es el último jueves de noviembre, tengo la intención de ir a casa y celebrar el Día de Acción de Gracias con mi familia. Supongo que siendo inglés no lo celebras. ***

Beth: Sorry, as it's the last Thursday in November tomorrow, I intend to go home and celebrate Thanksgiving with my family. I guess being English you don't celebrate it.

***Jack: No, pero sé que es algo muy importante para muchos estadounidenses. ***

Jack: No, but I know it is a big thing to many Americans.

***Beth: Y para algunos canadienses, y gente de otras islas alrededor de los Estados Unidos, también. Sin embargo, no todos lo celebran en la misma fecha. ***

Beth: And some Canadians, and people from some other islands around the US, too. However, not everyone celebrates it on the same date.

***Jack: He oído que la gente suele comer pavo ese día. ¿Es eso cierto? ***

Jack: So, I have heard people usually eat turkey on that day. Is that right?

***Beth: Obviamente depende de familia en familia, pero mucha gente come pavo, relleno de arándanos, verduras, puré de patatas, pastel de batata y pastel de calabaza. ***

Beth: Obviously it depends from family to family, but many people have turkey, cranberry stuffing, vegetables, mashed potatoes, sweet potato pie and pumpkin pie.

***Jack: Eso suena delicioso. ¿Haces algo especial también? ***

Jack: That sounds delicious. Do you do anything special as well?

***Beth: En realidad no, para ser honesta, pero es un momento en el que a los estadounidenses les gusta estar juntos. ***

Beth: Not really, to be honest, but it is a time when Americans like to be together.

***Jack: ¿Qué es exactamente Acción de Gracias? ***

Jack: What exactly is Thanksgiving?

***Beth: Es básicamente una celebración para dar gracias por la comida que podemos poner en la mesa. ***

Beth: It is basically a celebration to give thanks for the food we are able to put on the table.

***Jack: ¿Es una vieja tradición? ***

Jack: Is it an old tradition?

***Beth: Me dijeron que data de alrededor de 1620 cuando los peregrinos llegaron a los Estados Unidos. ***

Beth: I was told that it dates back to about 1620 when the Pilgrims came to the US.

***Jack: ¿Quiénes? ***

Jack: Who?

***Beth: Los peregrinos son básicamente personas que hacen un viaje por razones religiosas. Estos peregrinos vinieron de Inglaterra, y querían tener una celebración para básicamente dar gracias por una cosecha exitosa. Esta tradición continuó desde entonces, y una vez me dijeron que en 1883 George Washington la hizo el último jueves de noviembre. ***

Beth: Pilgrims are basically people who make a journey for religious reasons. These Pilgrims came from England, and they wanted to have a celebration to basically give thanks for a successful harvest. This tradition then continued, and I was once told that in 1883 George Washington made it the last Thursday in November.

***Jack: Wow. Eso es realmente interesante. Gracias por explicármelo. ***

Jack: Wow. That is really interesting. Thank you for explaining it to me.

***Beth: ¡No hay problema! ***

Beth. No problem!

Hablando sobre el embarazo
Talking about pregnancy

***Brenda: Hola Ted. Vi a su esposa ayer cuando estaba de compras. No me di cuenta de que estaba embarazada. ¡Felicidades! ***

Brenda: Hello Ted. I saw your wife yesterday when I was out shopping. I didn't realize she was pregnant. Congratulations!

***Ted: Gracias. Quedan menos de tres semanas, así que la panza es realmente prominente. ***

Ted: Thank you. There is less than three weeks to go now, so the bump is really prominent.

***Brenda: ¿Conoces el género? ***

Brenda: Do you know the sex?

***Ted: No. Ninguno de nosotros quiere saberlo. Preferimos que sea una sorpresa. ***

Ted: No. Neither of us wants to know. We prefer it to be a surprise.

***Brenda: ¿Tu esposa ha desarrollado antojos? Sé que cuando yo estaba embarazada comía queso todo el tiempo. Lo gracioso es que no soy una gran fan del queso. Apenas lo como ahora. ***

Brenda: Has your wife developed any cravings? I know when I was pregnant I ate cheese all the time. The funny thing is, I am not a big fan of cheese. I hardly eat it now.

***Ted: Curiosamente, Jackie tiene antojo de aceitunas. Siempre se las está comiendo. ***

Ted: Funnily enough, Jackie has a craving for olives. She is always eating them.

***Brenda: ¿Has sentido ya al bebé patear? ***

Brenda: Have you felt the baby kick yet?

***Ted: Sí. Mi esposa dice que está destinado a ser un niño ya que el bebé siempre parece estar jugando al** fútbol dentro de su barriga. *

Ted: Yes. My wife says it is bound to be a boy as the baby always seems to be playing soccer inside her stomach.

***Brenda: ¿Supongo que ya has visto al bebé en la ecografía? ***

Brenda: I guess you have seen the baby on the ultrasound?

***Ted: Sí. Es asombroso. Puedes ver la cabeza del bebé, sus brazos, piernas, todo. ***

Ted: Yes. It is amazing. You can see the baby's head, its arms, legs, everything.

***Brenda: Recuerdo la primera vez que vi a Leia, mi hija. Fue el mejor sentimiento en la tierra. ***

Brenda: I remember the first time I saw Leia, my daughter. It was the greatest feeling on earth.

***Ted: Sé a lo que te refieres. ***

Ted: I know what you mean.

***Brenda: Si me permites preguntar, ¿tu esposa sufre cambios de humor? Sabes, si por ejemplo a veces llora sin razón. ***

Brenda: If I may ask, does your wife suffer mood swings? You know, sometimes she cries for no reason.

***Ted: De hecho, sí, pero el doctor dice que es bastante normal. ***

Ted: Actually, yes, but the doctor says it is quite normal.

***Brenda: Era terrible cuando yo estaba embarazada. Empezaba a llorar sin razón. ***

Brenda: I was terrible when I was pregnant. I would just start crying for no reason.

***Ted: Sí. Jackie es así. ***

Ted: Yes. Jackie is like that.

***Brenda: ¿Vas a estar presente en el parto? ***

Brenda: Are you going to be present at the birth?

***Ted: Sí. Quiero darle a Jackie todo el apoyo que pueda. ***

Ted: Yes. I want to give Jackie as much support as I can.

***Brenda: Eso es bueno. Nunca olvidarás abrazar a tu hijo por primera vez. ***

Brenda: That is good. You will never forget holding your child for the first time.

Instructions on How to Download the Audio

- Go to this link: https://mydailyspanish.com/download-conversational-spanish-audio/
- Do you have any problems downloading the audio? If you do, feel free to send an email to contact@mydailyspanish.com I'll do my best to assist you, but I would greatly appreciate if you could thoroughly review the instructions first.

Conclusion

Having conversations in another language such as Spanish can be a really terrifying ordeal. But with the help of this book and its accompanying audio, I hope you'll be able to get past whatever it is that is holding you back from engaging in a Spanish conversation–whether it's a lack of practice, poor listening skills, minimal vocabulary, or low confidence in speaking.

If you need more help in honing your speaking skills in Spanish, feel free to visit my website, MydailySpanish.com. Aside from tips and lessons, you can also find plenty of Spanish culture articles that will make your conversations even more interesting. When you subscribe to my weekly newsletter, I share updates weekly about new products I'm working on. I also answer questions about Spanish language and culture and share interesting Spanish articles for your reading practice and to keep you abreast of current Spanish events.

You can also check out other Spanish language e-books and online courses at the My Daily Spanish Store. No matter what your current level and existing troubles in learning Spanish are, there is bound to be a product that will address your needs.

Learning Spanish— and speaking it fluently–need not be a monstrous task. When you have the right learning tools and resources to help you, you can conquer it easily and *painlessly*. And that's what Talk in Spanish is for.

If you have any questions or concerns about this book and its audio accompaniment, please feel free to send an email to contact@mydailyspanish.com I will be very happy to help.

Merci.

Frederic Bibard

Founder, Mydailyspanish.com

Made in the USA
Middletown, DE
03 March 2022